¡HABLEMOS ESPAÑOL!

TEXTO PARA PRINCIPIANTES
INTRODUCCIÓN A LA CULTURA Y GRAMÁTICA

Marguerite Cattan
María José Luján
Carol Stroud

¡HABLEMOS ESPAÑOL!
Texto para principiantes

Introducción a la cultura y gramática
Cattan Luján Stroud

Illustrations:
Christian Burgos Asnarán
Margarita Muñiz Rothgiesser

ISBN: 978-0-692-81912-8

Manufactured in the United States.

INTRODUCTION

WELCOME TO YOUR NEW TEXTBOOK

¡HABLEMOS ESPAÑOL! is a two-semester textbook designed to be used by the beginner, first year Spanish student. Each chapter focuses on a Spanish speaking country and the vocabulary, readings and activities introduce the student to the people, places, culture and history of that country. Three units are included in each chapter: *Estructuras*, *Vocabulario para la comunicación* and *Cultura*.

Estructuras
Estructuras presents grammatical concepts. Each chapter starts with a comic strip that introduces the new grammatical concepts, which are followed by practice exercises, readings and links that complement and reinforce the material. The exercises and readings are centered on the country and the student learns Spanish while learning about the country.

Vocabulario
Each chapter is organized around a new communication vocabulary which corresponds with the readings and all activities in the chapter. The new vocabulary is summarized at the end of the chapter and is usually followed by practice exercises that require more input from the students as they progress.

Cultura
Is an important element in *¡HABLEMOS ESPAÑOL!* We strongly believe that language is culture and the two are inseparable. Students cannot learn and enjoy a language if it is separated from the people that speak it. Culture permeates the textbook and is present in every aspect of the book. Songs, dance, film, food as well as cultural events, and places of interest will amaze and enchant the student.

We hope that the educator can use this textbook as a guide that will not limit her or him to its content but be a source of ideas and activities for the class. The textbook *¡HABLEMOS ESPAÑOL!* is complemented by the workbook *¡ESCRIBAMOS ESPAÑOL!* which provides additional practice.

¡Bienvenidos!
We hope you will enjoy learning Spanish and that this textbook opens a door that you will never want to close.

Marguerite, María José y Carol

Contenido

Contenido

Contenido

Contenido

Contenido

Capítulo 1

Ecuador

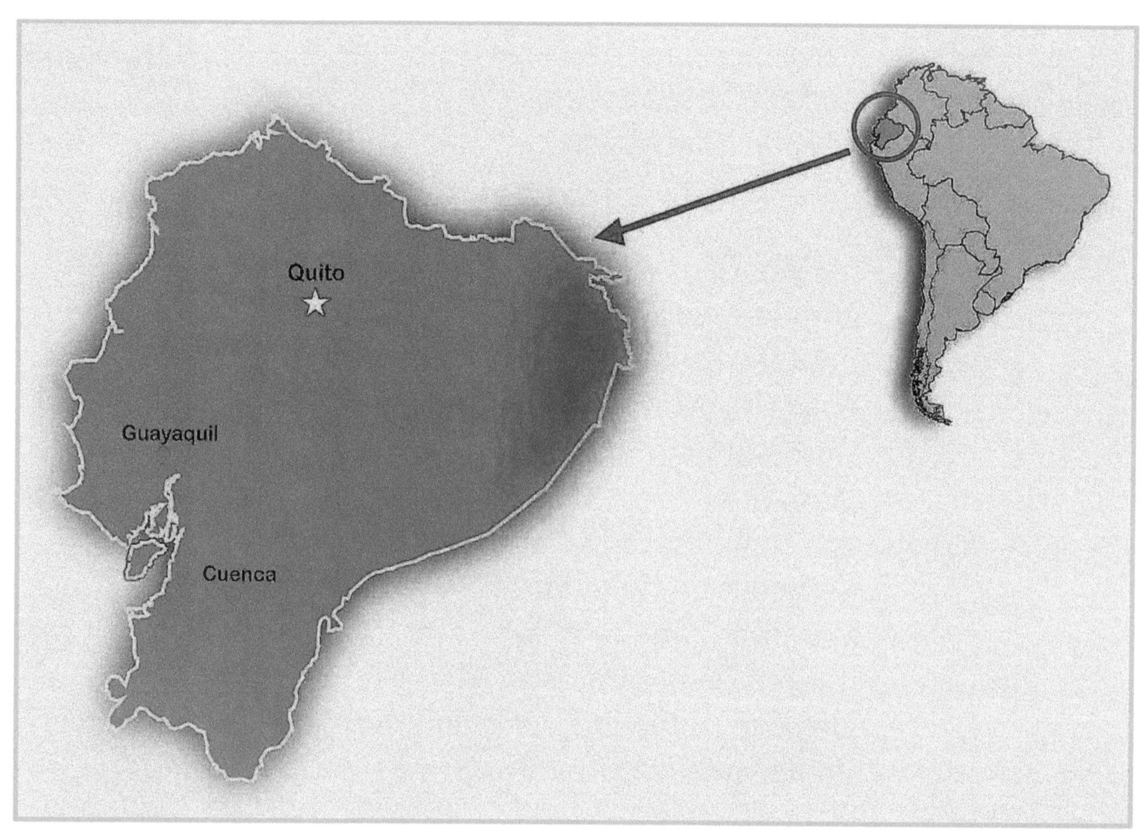

ECUADOR

Capital:	Quito
Idioma oficial:	español
Moneda:	el dólar estadounidense
Ciudades importantes:	Guayaquil, Cuenca
Población:	16.2 millones
Clima:	tropical en la costa, frio en el interior
Productos importantes:	el banano, el café, el cacao
Plato típico:	el locro
Lugares turísticos:	las islas Galápagos, Ingapirca
Música típica:	el sanjuanito

Capítulo 1

Hola, mi nombre es Pam

Capítulo 1

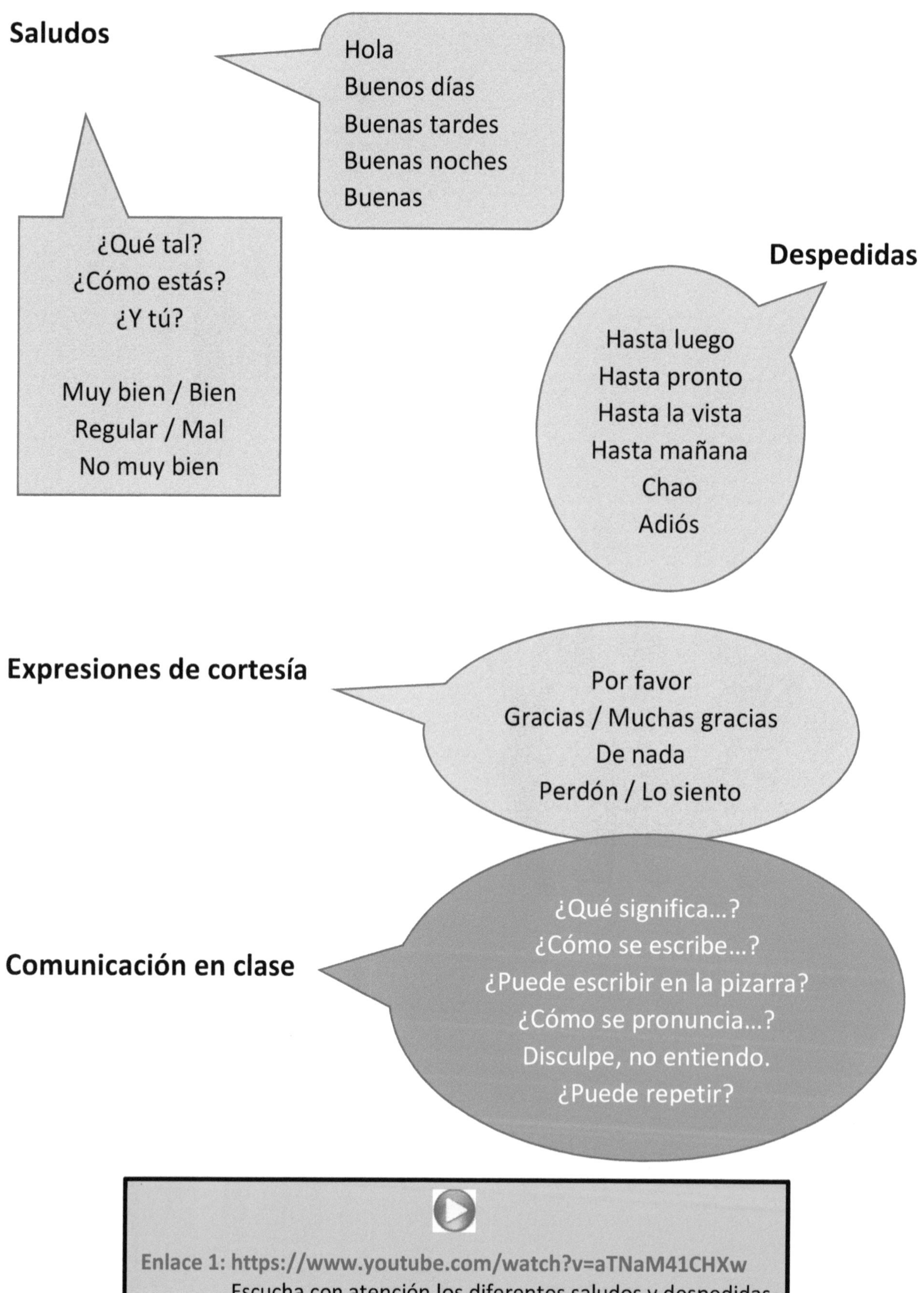
Saludos
Hola
Buenos días
Buenas tardes
Buenas noches
Buenas
¿Qué tal?
¿Cómo estás?
¿Y tú?
Muy bien / Bien
Regular / Mal
No muy bien
Despedidas
Hasta luego
Hasta pronto
Hasta la vista
Hasta mañana
Chao
Adiós
Expresiones de cortesía
Por favor
Gracias / Muchas gracias
De nada
Perdón / Lo siento
Comunicación en clase
¿Qué significa...?
¿Cómo se escribe...?
¿Puede escribir en la pizarra?
¿Cómo se pronuncia...?
Disculpe, no entiendo.
¿Puede repetir?
Enlace 1: https://www.youtube.com/watch?v=aTNaM41CHXw
Escucha con atención los diferentes saludos y despedidas

Capítulo 1

Mi nombre es Pam y soy de los Estados Unidos

Capítulo 1

Mi nombre es Pam y soy estudiante

Capítulo 1

Mi nombre es Pam y vivo en Ecuador

Capítulo 1

De intercambio en Ecuador

Hola, mi nombre es Pierre. Yo soy francés y vivo en Quito, la capital de Ecuador, donde estudio español. Vivo con una familia con quienes practico el español. Quito es una ciudad famosa por tener el centro histórico más grande, menos alterado y mejor preservado de América.

¿Qué tal? Nosotros somos Pam y Sam. Nosotros somos estadounidenses y trabajamos en una ONG en Ecuador. Vivimos en Cuenca. Cuenca es la ciudad más bella de Ecuador por su arquitectura colonial. Cerca de Cuenca están las ruinas de Ingapirka, las ruinas incaicas más importantes de Ecuador.

Me llamo Stefano y soy italiano. Vivo en Guayaquil, la ciudad más grande de Ecuador. Guayaquil está en la costa del Pacífico y es un importante centro de comercio del país. Vivo con tres amigos, todos aprendemos español en una academia durante la semana y visitamos diferentes lugares durante el fin de semana.

Buenas, me llamo Hanne y soy danesa. Estudio un doctorado en ecología marina y realizo mis prácticas en las Islas Galápagos. 13 islas grandes, 6 islas medianas y 215 islas pequeñas conforman el archipiélago de Galápagos donde existen maravillosas especies de animales y plantas.

PRONOMBRES PERSONALES

Singular	Plural
yo	nosotros / nosotras
tú	vosotros / vosotras
él / ella / usted	ellos / ellas / ustedes

Capítulo 1

VERBOS LLAMARSE y SER

	LLAMARSE	SER
yo	me llamo	soy
tú	te llamas	eres
él / ella / usted	se llama	es
nosotros / nosotras	nos llamamos	somos
vosotros / vosotras	os llamas	sois
ellos / ellas / ustedes	se llaman	son

NOTA:

ser *de* + país
ser + nacionalidad
ser + profesión / ocupación
ser + nombre

Ejercicio 1: completa la frase con el verbo LLAMARSE

1. Yo ______________________________
2. Él ______________________________
3. Ella ______________________________
4. Mi profesora ______________________________
5. Ellos ______________________________
6. Mis padres ______________________________

Ejercicio 2: completa la frase con el verbo SER

1. Yo ______________________________
2. Yo ______________________________
3. Él ______________________________
4. Él ______________________________
5. Ellos ______________________________
6. Ellos ______________________________

Capítulo 1

Ejercicio 3: completa con la forma correcta del verbo "ser" o "ser de"

Él ___es___ reportero. Yo ___Soy___ enfermera. Nosotros ___Somos___ Puerto Rico.

Ellos ___Son___ deportistas. Tú ___eres___ psicóloga. Ellos ___Son___ chilenos.

Ella ___es___ cantante. Ustedes ___Son___ cocineros. Vosotros ___Sois___ Uruguay.

Ejercicio 4: conversa con tu compañero

A. Buenos días. Me llamo ________________. ¿Cómo te llamas tú?
B. Hola. Me llamo ________________.
A. Soy de ____________________. ¿Y tú de dónde eres?
B. Yo soy ____________________.

Enlace 5: https://www.youtube.com/watch?v=GEKtH7v92Jc
Verbo "ser" → Haz una lista de 4 nacionalidades y 4 profesiones
Enlace 6: https://www.youtube.com/watch?v=4b4yEDd_pco
Verbo "llamarse"
Enlace 7: https://www.youtube.com/watch?v=rP4MxMX0f-M
Verbo "llamarse" → salta al min. 4.20

PRESENTE: VERBOS REGULARES

VERBOS –AR	ESTUDIAR	TRABAJAR	HABLAR	PRACTICAR
yo	estudi**o**	trabaj o	habl**o**	practico
tú	estudi**as**	trabaj as	Hablas	practic**as**
él / ella / usted	estudi**a**	trabaj a	habl**a**	practica
nosotros /as	estudi**amos**	trabaj amos	Hablamos	practic**amos**
vosotros / as	estudi**áis**	trabaj áis	habl**áis**	practicáis
ellos/ellas/Uds.	estudi**an**	trabaj an	Hablan	practic**an**

VERBOS –ER	APRENDER	COMER	BEBER	LEER
yo	aprend**o**	com o	Bebo	le**o**
tú	aprend**es**	com es	beb**es**	Lees
él / ella / usted	aprend**e**	com e	Bebe	le**e**
nosotros /as	aprend**emos**	com emos	beb**emos**	Leemos
vosotros / as	aprend**éis**	com éis	bebéis	Léis
ellos/ellas/Uds.	apred**en**	com en	Beben	Leen

VERBOS –IR	VIVIR	ESCRIBIR	ABRIR	COMPARTIR
yo	viv**o**	escrib o	abr**o**	Comparto
tú	viv**es**	escrib es	Abres	compart**es**
él / ella / usted	viv**e**	escrib e	abr**e**	comparte
nosotros /as	viv**imos**	escrib imos	Abrimos	compartimos
vosotros / as	viv**ís**	escrib ís	abr**ís**	compartís
ellos/ellas/Uds.	viv**en**	escrib en	Abren	compart**en**

Enlace 2: https://www.youtube.com/watch?v=gmjWWphCx5kv
Presente verbos regulares –AR
Enlace 3: https://www.youtube.com/watch?v=5k6KQ-OO2uU
Presente verbos regulares –ER
Enlace 4: https://www.youtube.com/watch?v=eK52jgxRklw
Presente verbos regulares –IR

Capítulo 1

Ejercicio 5: completa los verbos

Pierre es francés, pero viven_______ (*vivir*) en la capital de Ecuador. En Quito él estudia_______ (*estudiar*) español. Pierre vive_______ (*vivir*) con una familia ecuatoriana y con la familia él practica_______ (*practicar*) el español.

Pam y Sam son de los Estados Unidos, pero viven_______ (*vivir*) en Ecuador. Ellos viven_______ (*vivir*) en Cuenca y allí ellos trabajan_______ (*trabajar*) en una ONG.

Stefano es de Italia, pero vive_______ (*vivir*) en Ecuador. El vive_______ (*vivir*) en Guayaquil con tres amigos. Ellos aprende_______ (*aprender*) español en una academia. Durante los fines de semana ellos visitan_______ (*visitar*) diferentes lugares de Ecuador.

Hanne es de Dinamarca, pero vive_______ (*vivir*) en Ecuador. Ella estudia_______ (*estudiar*) un doctorado en ecología marina y realizan_______ (*realizar*) sus prácticas en las Islas Galápagos.

Ejercicio 6: conversa con tu compañero

Yo soy de ______________. Yo vivo en ______________ con ______________.

Yo estudio ______________ en ______________. En la universidad aprendo ______________. Yo trabajo en ______________.

Ejercicio 7: ahora presenta a tu compañero

Él/ella es de ____

____

____

Capítulo 1

GÉNERO

Nouns are words that name persons, places or things. All nouns in Spanish have gender, that is, they are masculine or feminine.

Masculine nouns:

- In general, nouns ending in **–o** are masculine (***exceptions*:** la mano, la moto).

  Ex. _____ carro _____ libro _____ cuaderno

- Nouns ending in **–r –l –m –n –s** are masculine (***exceptions*:** la capital, la sal, la tesis, la caries, la flor, la crisis).

  Ex. _____ hogar _____ color _____ hotel
  _____ pan _____ álbum _____ mes

- Nouns ending in **–e** are masculine (***exceptions*:** la calle, la gente, la serpiente).

  Ex. _____ perfume _____ peine _____ continente

- Nouns ending in **–ma** and **–ta** are masculine (***exceptions*:** la planta, la costa).

  Ex. _____ tema _____ cinema _____ problema
  _____ poeta _____ planeta _____ cometa

Feminine nouns:

- In general, nouns ending in **–a** are feminine (***exceptions*:** el día, el mapa).

  Ex. _____ casa _____ taza _____ escuela

- Nouns ending in **–ción** and **–sión** are usually feminine.

  Ex. _____ acción _____ invención _____ televisión

- Nouns ending in –**dad** are usually feminine.

  Ex. _____ ciudad _____ sociedad _____ identidad

- Nouns ending in –**z** are usually feminine (***exceptions*:** el pez, el lápiz, el arroz).

  Ex. _____ paz _____ vez _____ nuez

- Nouns ending in –**umbre** are feminine.

  Ex. _____ lumbre _____ costumbre _____ muchedumbre

Other considerations:

- Nouns ending in **–ista** must look after the person.

Ex.

_____ artista	_____ artista
_____ dentista	_____ dentista
_____ periodista	_____ periodista

- When a noun ending in **–e** refers to an individual it looks after the person.

Ex.

_____ gerente	_____ gerente
_____ estudiante	_____ estudiante
_____ cliente	_____ cliente

- Languages, days of the week and names of oceans, seas and rivers are always masculine.

Ex.

_____ español	_____ alemán
_____ lunes	_____ sábado
_____ Pacífico	_____ Mediterráneo
_____ Amazonas	_____ Nilo

- There are a few nouns that change their meaning when they change in gender.

Ex.

el policía (the policeman)	**la** policía (the police force)
el papa (the pope)	**la** papa (the potato)
el cura (the priest)	**la** cura (the cure)

Ejercicio 8: completa el artículo el/la

_____ árbol	_____ habitación	_____ luz	_____ legumbre
_____ clima	_____ amor	_____ dinero	_____ canción
_____ silla	_____ costa	_____ arquitectura	_____ sistema
_____ capital	_____ lugar	_____ amistad	_____ calor
_____ animal	_____ rapidez	_____ restaurante	_____ museo
_____ universidad	_____ familia	_____ arquitecto	_____ hospital
_____ centro	_____ revolución	_____ academia	_____ propiedad

Capítulo 1

NÚMERO

The article has to match the noun not only in gender (male or female) but also in number (singular or plural).

- The plural of nouns ending in a vowel (a,e,i,o,u) is formed by adding an **–s**.

Ex. _____ silla → _____ silla**s**
_____ perro → _____ perro**s**
_____ clase → _____ clase**s**

- The plural of nouns ending in a consonant is formed by adding **–es**.

Ex. _____ ciudad → _____ ciudad**es**
_____ examen → _____ exámen**es**
_____ hospital → _____ hospital**es**

- The plural of nouns ending in **–í** is formed by adding **–es**.

Ex. _____ iraní → _____ iraní**es**
_____ ají → _____ ají**es**

- The plural of nouns ending in **–z** changes to **–ces**.

Ex. _____ actriz → _____ actri**ces**
_____ pez → _____ pe**ces**

- The plural of nouns ending in **–s** does not change (**exceptions**: mes → meses; país → países, interés → intereses).

Ex. _____ lunes → _____ lunes
_____ análisis → _____ análisis

Ejercicio 9: cambia la palabra al plural

profesora	______________	profesor	______________
español	______________	española	______________
animal	______________	ocupación	______________
lápiz	______________	tesis	______________
universidad	______________	paquistaní	______________
color	______________	limón	______________

Capítulo 1

ARTICULOS DEFINIDOS E INDEFINIDOS

Articles are used with nouns. The definite article in English is **THE**. The indefinite article in English is **A** or **AN**. Since Spanish nouns have gender (feminine or masculine) and number (singular and plural), the article has to match the noun.

DEFINIDOS		INDEFINIDOS	
SINGULAR	PLURAL	SINGULAR	PLURAL
el	los	un	unos
la	las	una	unas

Masculine singular — **Ex**. el libro / un libro
Masculine plural — **Ex**. los libros / unos libros
Feminine singular — **Ex**. la casa / una casa
Feminine plural — **Ex**. las casas / unas casas

Ejercicio 10: completa las frases con el artículo correcto

Ejemplo: Un escritor ecuatoriano es Jorge Icaza.

1. ________ cine estadounidense es popular en todo el mundo.
2. ________ director muy bueno es Spielberg.
3. ________ director de *Crónicas* es Sebastián Cordero.
4. ________ película muy mala es *Desperado*.
5. ________ películas europeas son muy buenas.
6. ________ escritor de mucha fama es Shakespeare.
7. ________ mejor escritor colombiano es Gabriel García Márquez.
8. ________ series de televisión estadounidenses se ven por toda América Latina.
9. ________ ratón es _______ animal pequeño y _________ rata también.
10. _______ obra más famosa de Jorge Icaza es *Huasipungo*.

Enlace 8: https://www.youtube.com/watch?v=o3ldEPDcZhM
Escucha con atención los artículos definidos
Enlace 9: https://www.youtube.com/watch?v=9slsmnNYYKA
Escucha con atención los artículos indefinidos

Capítulo 1

Ecuatorianos famosos

Jorge Icaza es un importante escritor ecuatoriano. Él escribe obras de teatro, pero es más famoso por su novela *Huasipungo* publicada en 1934. Esta novela presenta la mala situación de los indígenas, pues los patrones los hacen trabajar muy duramente y tienen el apoyo de las autoridades civil y eclesiástica. Este libro es una denuncia social y contiene un crudo realismo. Icaza es uno de los más grandes representantes de la narrativa indigenista.

Sebastián Cordero es de Quito y es un director de cine ecuatoriano. Su primera película, *Ratas, ratones, rateros* (1999) muestra la vida de un delincuente que comete varios crímenes en el bajo mundo. Esta película gana varios premios y así Cordero es reconocido internacionalmente. Su segunda película, *Crónicas*, también gana fama internacional. Sus películas son de acción, pero con un gran interés en temas sociales.

Dato curioso

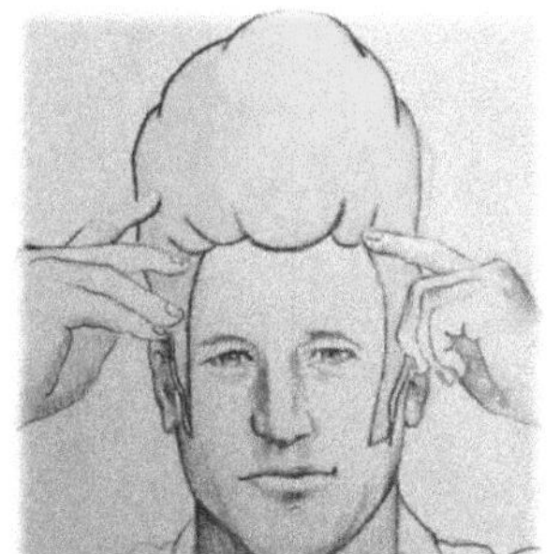

Mike Judge el creador de las series de televisión *Beavis & Butt-head* y *El rey de la colina* (King of the Hill) nace en Guayaquil, Ecuador.

Ejercicio 11: contesta si la frase es verdadera o falsa

	V	F
1. Jorge Icaza es un escritor español.	___	___
2. *Huasipungo* es una novela sobre indígenas.	___	___
3. Sebastián Cordero es un director de cine.	___	___
4. Sebastián Cordero nace en Guayaquil.	___	___
5. *Ratas, ratones, rateros* es un libro.	___	___
6. El creador de *Beavis & Butt-head* es ecuatoriano.	___	___

Capítulo 1

PALABRAS INTERROGATIVAS

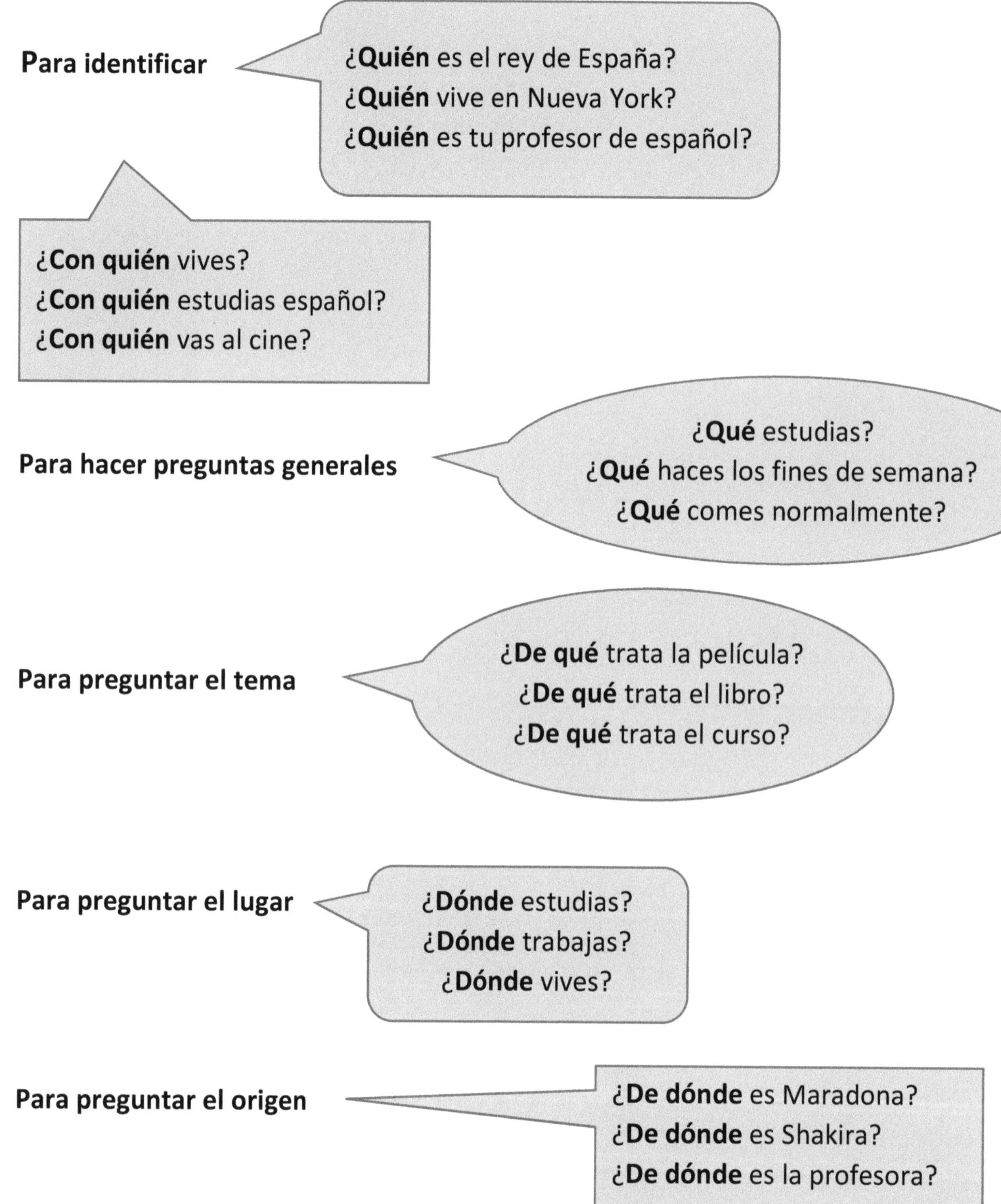

Escribe un pequeño texto sobre ti

Puedes guiarte por estas preguntas:

1. ¿Cómo te llamas?
2. ¿De dónde eres?
3. ¿Dónde vives?
4. ¿Con quién vives?
5. ¿Dónde estudias?
6. ¿Qué estudias?
7. ¿Qué idiomas hablas?

Otros enlaces:

- La mitad del mundo y el agua https://www.youtube.com/watch?v=mE7rFjbMmhk

  NOTA: La **Mitad del Mundo** es una pequeña ciudad turística donde se encuentra la línea ecuatorial que divide al planeta en dos hemisferios: Norte y Sur. Su latitud es 0-0'-0''.
- Ciudades del Ecuador https://www.youtube.com/watch?v=729VfbUnY-g
- Cortometraje "El último hielero" (Short film "The Last Ice Merchant") http://thelasticemerchant.com/
- Jan Cousteau en Galápagos (en inglés) https://www.youtube.com/watch?v=EBaoYBnJ_aU
- Ecuador ama el surf https://www.youtube.com/watch?v=u9LLmCN8nKU

Capítulo 1

VOCABULARIO

Ejercicio 12: completa los plurales que faltan

	SUSTANTIVO SINGULAR	SUSTANTIVO PLURAL
	el amigo	los amigo**s**
	el animal	los animal**es**
	el apoyo	los apoyo**s**
	el bolígrafo	los Bolígrafos
	el borrador eraser	los Borradores
	el centro	los centro**s**
	el cine	los cine**s**
	el cuaderno	los Cuadernos
	el director	los director**es**
	el escritor	los escritor**es**
	el fin	los fin**es**
	el indígena	los indígena**s**
MASCULINO	el lápiz pencil	los lápices
	el libro Book	los libros
	el lugar	los lugar**es**
	el país	los país**es**
	el patrón	los patron**es**
	el premio	los premio**s**
	el ratero	los ratero**s**
	el ratón	los raton**es**
	el sacapuntas staple remover	los Sacapuntas
	el teatro	los teatro**s**
	el tema	los tema**s**
	la academia	las academia**s**
	la arquitectura	las arquitectura**s**
	la autoridad	las autoridad**es**
FEMENINO	la capital	las capital**es**
	la ciudad	las ciudad**es**
	la costa	las costa**s**
	la denuncia	las denuncia**s**
	la ecología	las ecología**s**
	la especie	las especie**s**
	la fama	las fama**s**
	la familia	las familia**s**
	la hoja de papel	
	la mesa	
	la mochila	

FEMENINO	la narrativa	las narrativa**s**
	la novela	las novela**s**
	la obra	las obra**s**
	la papelera	
	la película	las película**s**
	la pizarra	
	la planta	las planta**s**
	la práctica	las práctica**s**
	la puerta	
	la rata	las rata**s**
	la ruina	las ruina**s**
	la semana	las semana**s**
	la serie	las serie**s**
	la silla	
	la situación	las situacion**es**
	la televisión	las television**es**
	la tiza	
	la ventana	

Adjetivos

alterado/a (s)
bello/a (s)
colonial (es)
diferente (s)
famoso/a (s)
grande (s)
histórico/a (s)
importante (s)
incaico/a (s)
maravilloso/a (s)
mediano/a (s)
pequeño/a (s)
preservado/a (s)
internacional (es)
típico/a (s)
turístico/a (s)
social (es)
malo/a (s)

Adverbios

duramente
internacionalmente
más
menos
mejor

Ejercicio 13: completa la frase con un adjetivo

Ejemplo: La amiga <u>importante</u>.

1. La ciudad ____________________
2. El tema ____________________
3. La familia ____________________
4. Los animales ____________________
5. El lugar ____________________
6. La novela ____________________
7. La universidad ____________________
8. El país ____________________
9. La capital ____________________
10. Las plantas ____________________

Capítulo 2

Colombia

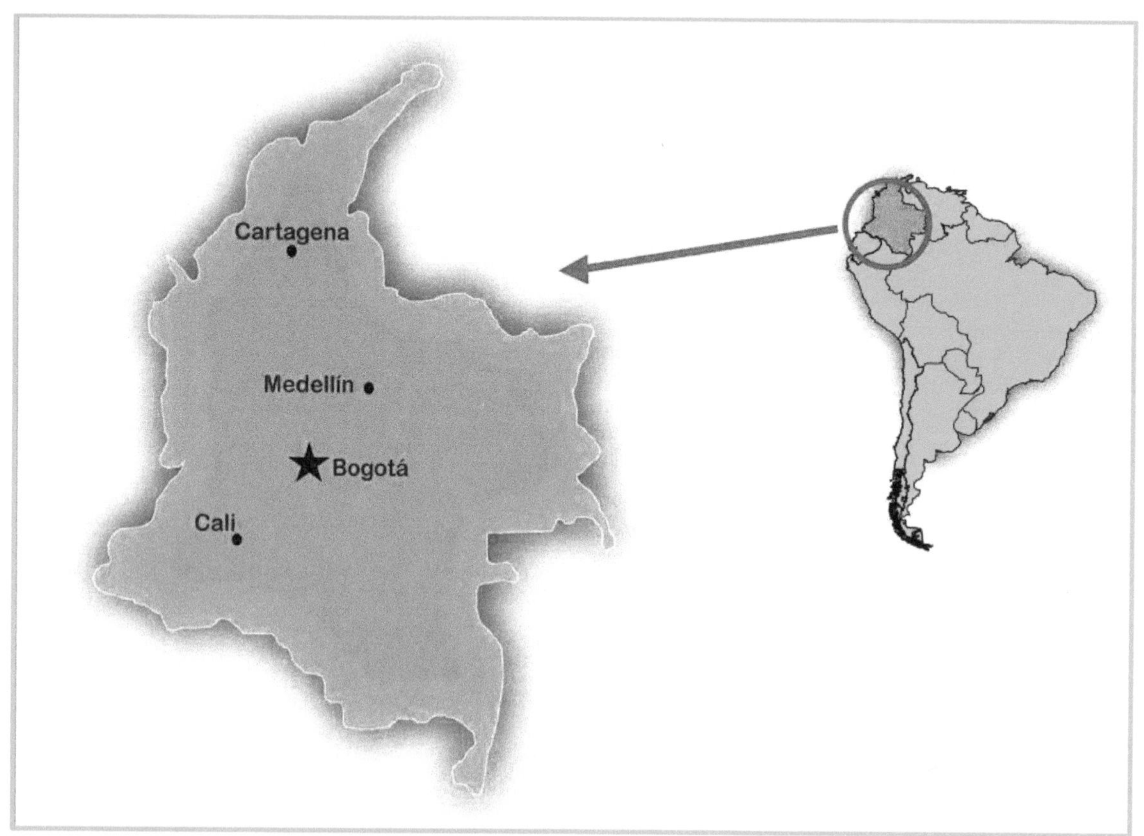

COLOMBIA

Capital:	Bogotá
Idioma oficial:	español
Moneda:	el peso colombiano
Ciudades importantes:	Medellín, Cali, Barranquilla, Cartagena de Indias
Población:	47.8 millones
Clima predominante:	cálido y húmedo
Productos importantes:	el café, el banano, el petróleo, la caña de azúcar
Plato típico:	el ajiaco
Lugares turísticos:	Parque Arqueológico Nacional de Tierradentro
Música típica:	la cumbia

Capítulo 2

Hola, te presento a mi amiga

ADJETIVOS POSESIVOS

	SINGULAR	PLURAL
(yo)	mi	mis
(tú)	tu	tus
(él/ella/usted)	su	sus
(nosotros/nosotras)	nuestro/a	nuestros/as
(vosotros/vosotras)	vuestro/a	vuestros/as
(ellos/ellas/ustedes)	sus	sus

Ejemplos:

Ejercicio 1: completa la frase con un posesivo

1. __________ ciudad es muy grande. (yo)
2. __________ país es muy bonito. (usted)
3. ¿__________ hermano juega baloncesto? (él)
4. __________ café está frío. (yo)
5. Ella come __________ helado.
6. __________ universidad se llama Manhattanville. (nosotros)
7. ¿__________ hermanos son mayores o menores? (tú)
8. ¿__________ amigas juegan balonmano? (vosotros)
9. ¿Es __________ casa? (tú)
10. Él es __________ profesor de ciencia. (nosotros)

Enlace 1: https://www.youtube.com/watch?v=rUaX5OqTEzE
Los posesivos

Capítulo 2

Yo juego golf

Capítulo 2

Mi profesora es de Colombia

Mi profesora de español es colombiana. Su nombre es Manuela. Ella vive en Estados Unidos pero piensa en regresar a su país. Ella quiere mucho a su familia. Ella tiene cuatro hermanos. Su hermano mayor se llama Paco y juega fútbol. Su segunda hermana se llama Francisca y sueña en visitar a Manuela. Su tercera hermana, Merced, tiene tres gatos y su hermano menor, Pedro, tiene dos perros. Sus padres no pueden hablar inglés, pero su madre entiende un poco.

Ejercicio 2: conjuga los verbos

1. Mi profesora _____________ (*pensar*) mucho en su país.
2. Sus hermanos, Paco y Pedro, _____________ (*jugar*) fútbol.
3. Francisca _____________ (*soñar*) en visitar los Estados Unidos.
4. Sus hermanos menores _____________ (*tener*) gatos y perros.
5. Su familia no _____________ (*poder*) hablar inglés.
6. La madre de Manuela _____________ (*entender*) un poco de inglés.
7. ¿Vosotros _____________ (*preferir*) ir al cine o a cenar?
8. Yo _____________ (*contar*) historias a mis hijos todas las noches.
9. La profesora _____________ (*repetir*) la lección cuando los estudiantes no entienden.
10. Los estudiantes _____________ (*decir*) que entienden todo.

Enlace 2: https://www.youtube.com/watch?v=X_v5cBtqpOM
La familia

Enlace 3: https://www.youtube.com/watch?v=9gMgHDefg7I
Verbos regulares e irregulares

Capítulo 2

PRESENTE: VERBOS IRREGULARES

Stem changing verbs: e → ie; o → ue; u →ue

EMPEZAR	QUERER	PODER	JUGAR	DORMIR
empiezo	quiero	puedo	juego	
empiezas	quieres	puedes	juegas	
empieza	quiere	puede	juega	
empezamos	queremos	podemos	jugamos	
empezáis	queréis	podéis	jugáis	
empiezan	quieren	pueden	juegan	

contar, entender, invertir, sentir, morir, divertir, mentir, preferir, tener...

Stem changing verbs: e → i

PEDIR	REPETIR	SERVIR	COMPETIR	VESTIR
pido	repito			visto
pides		sirves		
pide			compite	
pedimos				vestimos
pedís	repetís			
piden		sirven		

impedir, despedir, concebir, derretir, sonreir, reir, rendir...

Verbs that change in 1st person (yo) to: "g"

HACER	SALIR	DECIR	TENER	VENIR
hago	salgo	digo	tengo	vengo
haces	sales	dices	tienes	
hace	sale	dice		viene
hacemos	salimos	decimos	tenemos	
hacéis	salís			venís
hacen	salen		tienen	

poner: pongo, pones, pone...
traer: traigo, traes, trae...
valer: valgo, vales, vale...

PRESENTE: VERBOS IRREGULARES

All verbs ending –cer /–cir change in 1st person (yo): c → zc

CONO**CER**	AGRADE**CER**	CRE**CER**	CONDU**CIR**	TRADU**CIR**
cono**zc**o	agrade**zc**o		condu**zc**o	
conoces				traduces
conoce		crece		
conocemos		crecemos		
conocéis	agradecéis		conducís	
conocen				traducen

aborrecer, aparecer, carecer, desaparecer, desconocer, establecer, nacer, obedecer...
producir, reducir, deducir...

All verbs ending in –ger / –gir change in 1st person (yo): g → j

PROTE**GER**	RECO**GER**	ELE**GIR**	CORRE**GIR**	EXI**GIR**
protejo		elijo	corrijo	
proteges				exiges
protege				
protegemos	recogemos	elegimos		
protegéis			corregís	
protegen	recogen			exigen

coger, acoger, dirigir, fingir, rugir...

All verbs ending in –guir eliminate the "u" in 1st person (*yo*)

SEGUIR	DISTIN**GUIR**	CONSE**GUIR**	PERSE**GUIR**	EXTIN**GUIR**
sigo		consigo		
sigues	distingues			extingues
sigue			persigue	
seguimos		conseguimos		
seguís			perseguís	
siguen	distinguen			extinguen

PRESENTE: VERBOS IRREGULARES

Verbs ending in –uir change: i → y

CONSTR**UIR**	SUSTIT**UIR**	CONCL**UIR**	CONTRIB**UIR**	DISMIN**UIR**
constru**yo**	sustitu**yo**			
constru**yes**		conclu**yes**		disminu**yes**
constru**ye**			contribu**ye**	
construimos		concluimos		
construís			contribuís	
constru**yen**	sustitu**yen**			disminu**yen**

atribuir, destituir, distribuir, excluir, huir, incluir, influir, intuir...

Verbs irregular in 1st person (*yo*)

ESTAR	DAR	SABER	VER	CABER
estoy	**doy**	**sé**	**veo**	**quepo**
estás		sabes		cabes
está	da	sabe		
estamos		sabemos		
estáis		sabéis		cabéis
están		saben	ven	

Verbs completely irregular

	SER	IR	OLER	HABER
yo	soy	voy	huelo	he
tú	eres	vas	hueles	has
él /ella		va	huele	ha
nosotros/as		vamos	olemos	hemos
vosotros/as		vais	oléis	habéis
ellos/ellas		van	huelen	han

Enlace 4: https://www.youtube.com/watch?v=df54rl5hE4Q
Verbos irregulares

Enlace 5: https://www.youtube.com/watch?v=24iusFwnYBA
Verbo "estar" y los pronombres

Capítulo 2

El Carnaval de Barranquilla es la fiesta folclórica y cultural más importante de Colombia. Más de *un millón* de personas, entre visitantes y gente local, participan cada año en la fiesta. Esta fiesta se celebra durante *cuatro* días (los días sábado, domingo, lunes y martes anteriores al Miércoles de Ceniza). Sin embargo, otras actividades directamente relacionadas con el Carnaval ocurren durante gran parte del año. El Carnaval de Barranquilla se inicia en el siglo *diecinueve*. Actualmente participan cerca de *quinientas* agrupaciones folclóricas. El Carnaval deja un aproximado de *cincuenta mil millones* de pesos[1] en ingresos y genera *once mil* puestos de trabajo durante la temporada.

INTERROGATIVOS

Para preguntar cantidad

¿**Cuántos** años tienes?
¿**Cuántas** hermanas tienes?

¿**Cuánto** es?
¿**Cuánto** cuesta?

Ejercicio 3: responde las preguntas sobre el texto

1. ¿Cuántas personas participan en el Carnaval de Barranquilla?

 ____

2. ¿Cuántos días se celebra el Carnaval?

 ____

3. ¿Cuánto dinero genera el Carnaval?

 ____

4. ¿Cuánto es eso en dólares?

 ____

5. ¿Cuántos puestos de trabajo genera el Carnaval de Barranquilla?

 ____

[1] 1.00 USD = 2,609.00 pesos colombianos

Capítulo 2

NÚMEROS

1 = uno	11 = once	21 = veintiuno	31 = treinta y uno
2 = dos	12 = doce	22 = veintidós	32 = treinta y dos
3 = tres	13 = trece	23 = veintitrés	33 = treinta y tres
4 = cuatro	14 = catorce	24 = veinticuatro	34 = treinta y cuatro
5 = cinco	15 = quince	25 = veinticinco	35 = treinta y cinco
6 = seis	16 = dieciséis	26 = veintiséis	36 = treinta y seis
7 = siete	17 = diecisiete	27 = veintisiete	37 = treinta y siete
8 = ocho	18 = dieciocho	28 = veintiocho	38 = treinta y ocho
9 = nueve	19 = diecinueve	29 = veintinueve	39 = treinta y nueve
10 = diez	20 = veinte	30 = treinta	40 = cuarenta

50 = cincuenta	1,000 = mil	1,000,000 = un millón
60 = sesenta	2,000 = dos mil	2,000,000 = dos millones
70 = setenta	3,000 = tres mil	3,000,000 = tres millones
80 = ochenta	...	...
90 = noventa		
100 = cien		
200 = doscientos		
300 = trescientos		
400 = cuatrocientos		
500 = quinientos		
600 = seiscientos		
700 = setecientos		
800 = ochocientos		
900 = novecientos		
0 = cero		

1ero = primero/a
2do = segundo/a
3ro = tercero/a
4to/a = cuarto/a
5to = quinto/a
6to = sexto/a
7mo = séptimo/a
8vo = octavo/a
9no = noveno/a
10mo = décimo/a

Ejercicio 4: responde las preguntas

1. ¿Cuántos años tienes? yo tengo diecinueve años
2. ¿Cuántos hermanos tienes? ____________________
3. ¿En qué año naciste? ____________________
4. ¿En qué año estamos? ____________________
5. ¿En qué siglo estamos? ____________________

Capítulo 2

Bogotá y Medellín, dos ciudades colombianas

Ejercicio 5: conjuga los verbos

Mi familia __________ (*vivir*) en Bogotá, pero todos nosotros __________ (*ser*) de Medellín. Bogotá es la capital de Colombia. Bogotá ____________ (*estar*) en el centro de Colombia, en la Cordillera de los Andes, a 2,625 metros sobre el nivel del mar. Bogotá __________ (*ser*) la tercera capital más alta en América del Sur después de La Paz y Quito. La capital __________ (*ser*) una enorme ciudad y ____________ (*tener*) cerca de ocho millones de habitantes. Bogotá ______________ (*ser*) una ciudad con gran oferta de cultura, nosotros ______________ (*tener*) numerosos museos, teatros y bibliotecas. Las atracciones turísticas ____________ (*ser*) el centro histórico llamado La Candelaria y Monserrate, una colina desde donde los turistas _____________ (*ver*) un panorama fabuloso.

Mi familia siempre ________________ (*visitar*) Medellín, porque mis abuelos todavía _____________ (*vivir*) allí. Medellín _____________ (*ser*) la segunda ciudad más grande del país. Medellín _____________ (*ser*) una ciudad moderna y sofisticada. Además, _____________ (*tener*) un clima maravilloso por lo que Medellín se ______________ (*conocer*) como la "ciudad de la eterna primavera".

Ejercicio 6: contesta las siguientes preguntas

1. ¿Cuál es la capital de Colombia?

____

2. ¿Cómo se llama el centro histórico de Bogotá?

____

3. Bogotá es una ciudad con gran oferta cultural, ¿por qué?

____

4. ¿Qué es Monserrate?

____

Colombianos famosos

Gabriel García Márquez es un importante escritor colombiano. Él crece con sus abuelos quienes le cuentan muchas historias, y estas son la fuente de muchos de sus cuentos. En 1955 publica su primera novela *La hojarasca*. Su éxito mundial comienza cuando publica *Cien años de soledad* en 1967. En una semana vende 8000 copias. La novela gana 4 premios internacionales y se traduce a más de 24 idiomas. En 1982 recibe el Premio Nobel de Literatura. Escribe numerosas novelas y cuentos. Hay películas de muchas de sus obras. El estilo de García Márquez es el "realismo mágico", donde se mezcla lo real con lo fantástico. En 2014 muere a los 87 años.

Fernando Botero es un famoso pintor de Medellín, Colombia. Desde muy joven muestra su interés por la pintura. A los 16 años publica sus primeras ilustraciones. En 1951 tiene su primera exposición individual en Bogotá. Vive en diferentes ciudades de Europa como Barcelona, Madrid, Florencia y París. A principios de los años 60, se muda a Nueva York donde sus pinturas lo hacen muy popular en el mercado estadounidense. De ahí su fama llega a Europa y a su patria, Colombia. Sus pinturas están llenas de personas y animales voluminosos. Sus composiciones son costumbristas, humorísticas y a menudo satíricas, presentan ironía de la sociedad. Desde 1970 también trabaja con la escultura.

Dato curioso

Martha C. Gómez es considerada una autoridad mundial en clonación. Realiza la primera clonación inter-especie de un felino salvaje. Con este proceso ha salvado especies de gatos salvajes africanos en vía de extinción.

Capítulo 2

Ejercicio 7: contesta si la frase es verdadera o falsa

	V	F
1. Gabriel García Márquez es un pintor colombiano.	___	✓
2. García Márquez gana el Nobel de Literatura en 1967.	✓	✓
3. Realismo mágico es el estilo de García Márquez.	✓	✓
4. Fernando Botero nace en Bogotá.	✓	✓
5. Botero pinta y esculpe.	✓	✓
6. Botero publica sus primeras ilustraciones a los quince años.	___	✓

Música

Shakira es posiblemente la cantante más conocida de Colombia. Sin embargo, Colombia tiene gran diversidad de música. Colombia es conocida como «el país de los mil ritmos». Algunos de sus ritmos son la cumbia, el merengue y el vallenato, entre otros. Desde los años 60 el rock colombiano también es popular.

Ejercicio 8: escucha la canción y completa los artículos y posesivos

"Antes de las seis" Shakira
https://www.youtube.com/watch?v=yNts-8mPsv4

No actúes tan extraño, duro como _____ roca
Si te mostré pedazos de piel que _____ luz del sol aun no toca
Y tantos lunares que ni yo misma conocía
Te mostré _____ fuerza bruta, _____ talón de Aquiles, _____ poesía.

¿Qué harás? sólo una historia más
¿Qué haré si no te vuelvo a ver?

Si desde ______ día en que no estás
Vi _____ noche llegar mucho antes de _____ seis (BIS)
Mucho antes...

No dejes _____ barco tanto antes de que zarpemos
Hacia _____ isla desierta y después, después veremos.

Si me ves desarmada
¿Por qué lanzas ______ misiles?
Si ya conoces ______ puntos cardinales
Los más sensibles y sutiles

¿Qué harás? ______ vida lo dirá
¿Qué haré si no te vuelvo a ver?

Si desde ______ día en que no estás
Vi _____ noche llegar mucho antes de _____ seis (BIS)

Mucho antes de las seis.
Mucho antes.

Capítulo 2

PALABRAS INTERROGATIVAS

Para preguntar cantidad

Para seleccionar

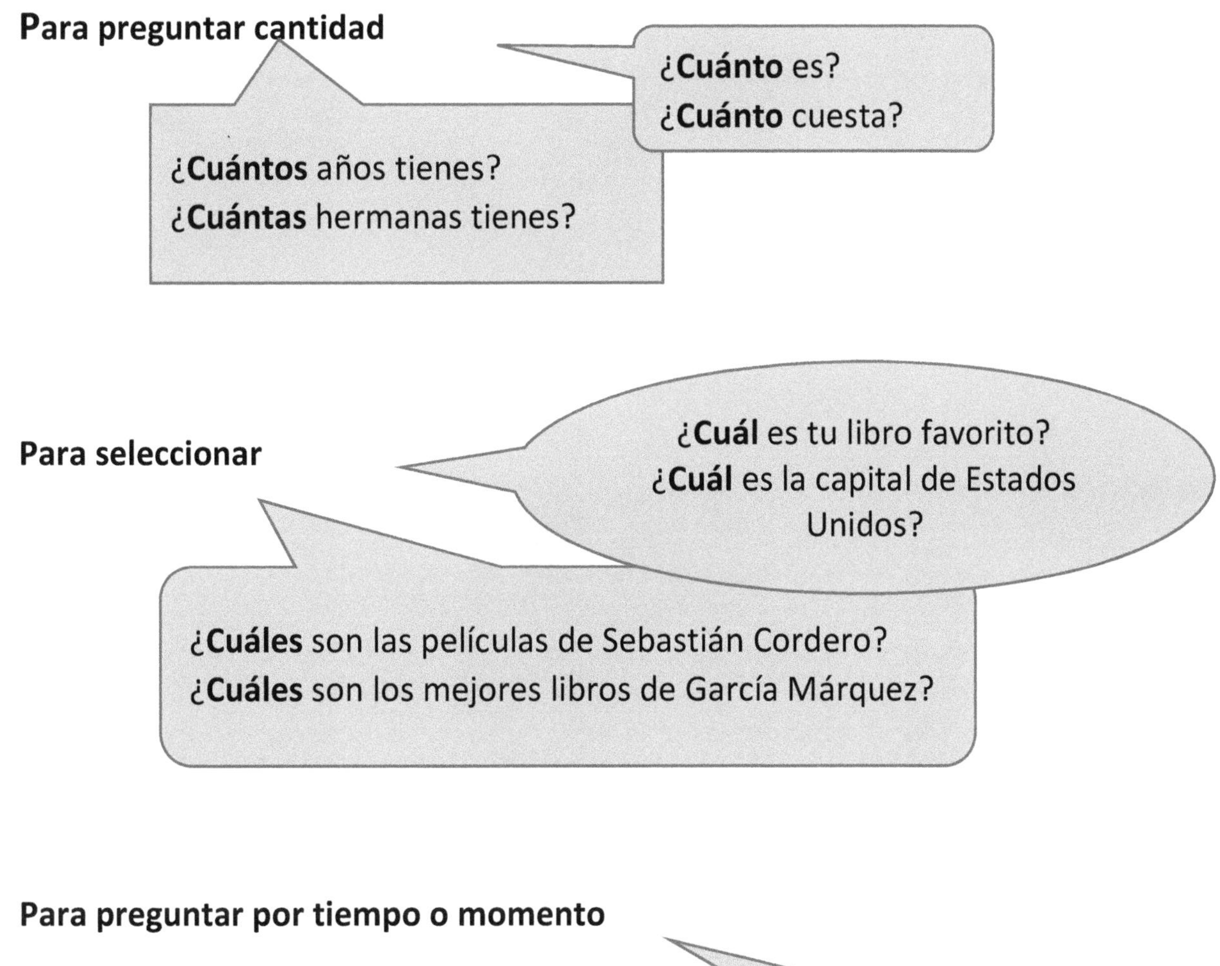

Para preguntar por tiempo o momento

¿**Cuándo** cenamos?
¿**Cuándo** salen?
¿**Cuándo** vais al cine?

Para preguntar la hora

¿**Qué** hora es?
Por favor, ¿me puede decir la hora?
¿Me dices la hora?
¿Qué hora tienes?
¿Tiene hora?

Capítulo 2

Ejercicio 9: ¿Qué hora es?

<u>Son</u> <u>las tres</u>.

<u>Son</u> <u>las tres **y** treinta</u>.

2015

Son las ocho y cuarto

22 45

Son las
~~Esta~~ once menos cuarto

1800

Son las seis en punto

1805

Son las seis y cinco

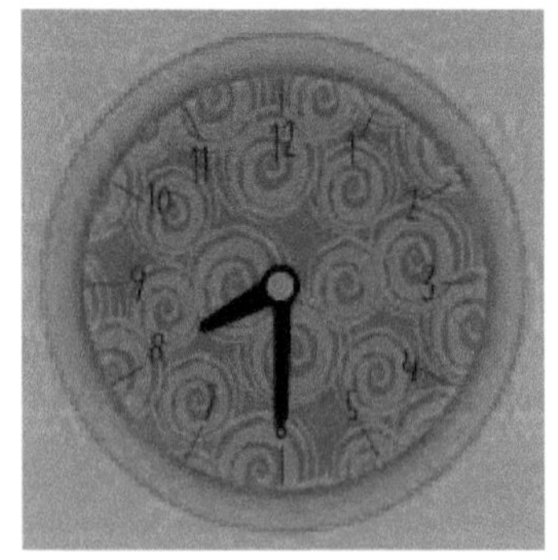

2030

Son las ocho y media

Son las siete y cuarto

Son las diez y diez

Capítulo 2

Ejercicio 9: ¿Qué hora es? (continuación)

2210

Son las diéz y veinte

once menos cuarto

Son las Trez y veinticinco

Son las tres y menos

2340

Son Doce menos veinte

1350

Son las Doce menos

2355

Son las Doce menos ~~veinte~~ Cinco

2210

Son las Diez y Diez

Es la una.

Capítulo 2

¿Qué hora es?

NOTA:

Son 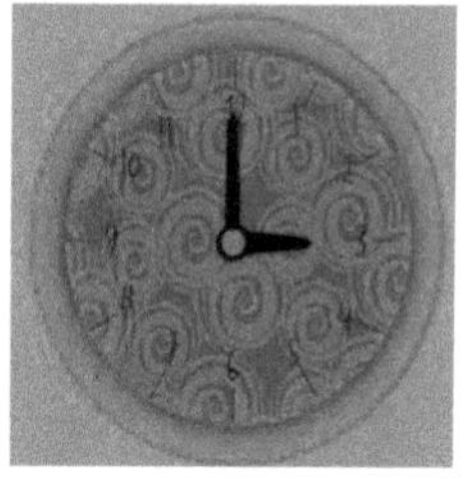 las tres = Son las tres **en punto**.

Son  las tres y treinta = Son las tres **y media**

Son  las ocho y quince = Son las ocho **y cuarto**

Son  las nueve y cuarenta y cinco

= Son las diez **menos cuarto**

Enlace 6: https://youtu.be/PvPh6-9BgQU
La hora

Enlace 7: https://www.youtube.com/watch?v=tCV9ba-mfm0
La semana

Escribe un pequeño texto sobre ti

Puedes guiarte por estas preguntas:

1. ¿Cómo se llama tu padre?
2. ¿Cómo se llama tu madre?
3. ¿Cuántos hermanos tienes?
4. ¿Cómo se llaman tus hermanos?
5. ¿Cuántos años tienen tus hermanos?
6. ¿Cuál es el hermano mayor?
7. ¿Cuál es el hermano menor?
8. ¿Cuántos años tienes tú?

____

____

____

____

____

____

____

____

Otros enlaces:

- Colombia (en inglés) https://www.youtube.com/watch?v=ZCSejndAOJE
- Colombia: el país del realismo mágico https://www.youtube.com/watch?v=sQG9chiCHaw
- 10 lugares para visitar en Colombia https://www.youtube.com/watch?v=uUEWXlU3OO0
- Fernando Botero https://www.youtube.com/watch?v=lI1rjytiZsM
- Los cuadros de Botero https://www.youtube.com/watch?v=VmgkMkvgoLI
- El Carnaval de Barranquilla https://www.youtube.com/watch?v=d9FfLVr0ruA

Capítulo 2

Ejercicio 10: completa el texto con la palabra correcta

1. Mi ______________ es el hermano de mi padre.
2. Mi prima es la ___________ de mi tío.
3. Botero trabaja en _________________ y ________________.
4. El __________________ es el día que viene después del martes.
5. El fin de ________________ es el sábado y domingo.
6. El museo Metropolitan tiene muchos _________________ al día.
7. Me gusta ir al cine para ver ________________ de acción.
8. La máxima ________________ de un país es el presidente.
9. Un plato _______________ de Estados Unidos es la hamburguesa.
10. Miami es una ciudad muy ________________.
11. Los patrones hacían trabajar muy _________________ a los esclavos.
12. Yo llevo mis libros en la ___________________.
13. Tengo que traer a clase el libro, un ______________ y un _____________.
14. Para llegar al ______________ número uno hay que trabajar duro.
15. En la clase de español hacemos muchas ________________.
16. Marta vive en una ________________ de casas al final de esta calle.
17. La mano es una _______________ del cuerpo.
18. Este libro tiene ________________ a color.
19. Tienes que ir a la ________________ de pintura de Fernando Botero.
20. La ______________ de Shakira es Colombia.

actividades – agrupación – autoridad – cuaderno – duramente – escultura – exposición – hija – ilustraciones – lápiz – miércoles – mochila – parte – patria – películas – pintura – puesto – semana – tío – típico – turística – visitantes

Capítulo 2

VOCABULARIO

MASCULINO SINGULAR	MASCULINO SINGULAR	MASCULINO SINGULAR
el lunes	el comienzo	el periódico
el martes	el día	el primo
el miércoles	el hermano	el puesto
el jueves	el hijo	el realismo
el viernes	el ingreso	el siglo
el sábado	el mercado	el tío
el domingo	el mes	el visitante
el abuelo	el nieto	
el año	el padre	

FEMENINO SINGULAR	FEMENINO SINGULAR	FEMENINO SINGULAR
la abuela	la hermana	la persona
la actividad	la hija	la pintura
la agrupación	la ilustración	la prima
la composición	la ironía	la semana
la escultura	la madre	la sociedad
la exposición	la nieta	la temporada
la fiesta	la parte	la tía
la gente	la patria	

Adjetivos

costumbrista (s)
cultural (es)
folclórico/a (s)
humorística (s)
individual (es)
local (es)
lleno/a (s)
mágico/a (s)
satírico/a (s)
voluminoso/a (s)

Adverbios

cerca (de)
directamente

Ejercicio 11: completa la frase

1. Mi abuela ______________________________
2. El lunes ______________________________
3. La fiesta ______________________________

Capítulo 3

México

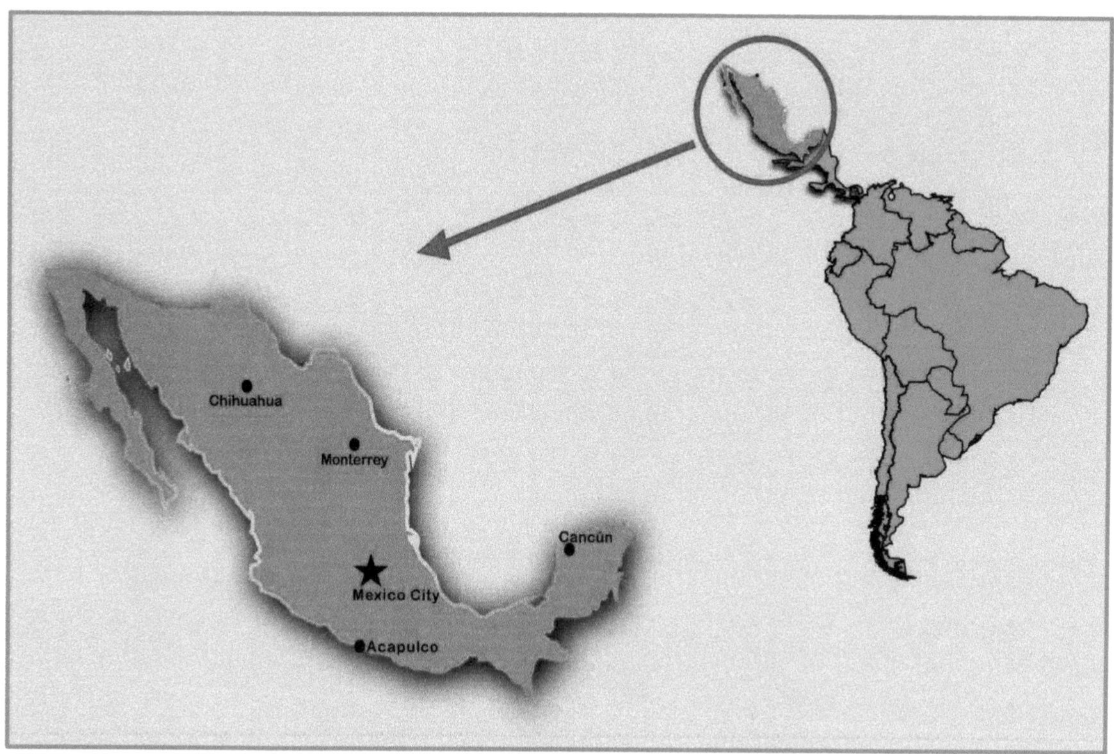

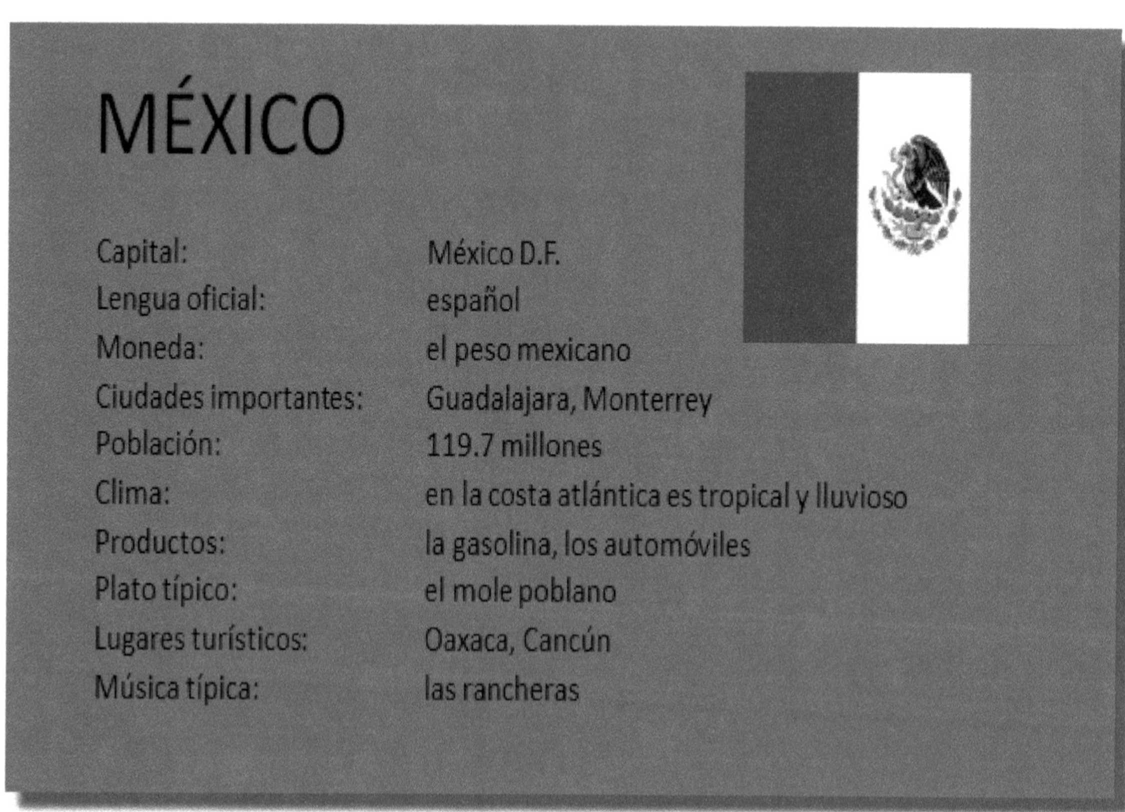

Capítulo 3

Me gusta viajar ¿y a ti?

Capítulo 3

¡Saludos desde Yucatán!

Querida Hanne:

¡Saludos desde la Península de Yucatán!

Estamos muy contentos en México. ¡Nos encanta todo! La gente es muy amable, la comida es deliciosa y tiene muchos lugares muy interesantes y bonitos. A Sam le gustan las playas de Cancún y le gusta mucho el tequila. ☺ *A mí me interesa visitar las ruinas, porque hay mucha historia aquí. Tulum y Chichén Itzá son dos de las ruinas mayas que están cerca a Cancún. A Sam le gusta Tulum porque esas ruinas están al lado del mar. A mí me encanta Chichén Itzá porque tiene unas pirámides fabulosas y está en medio de la selva. Además, el clima es estupendo.*

Nos vemos pronto,

Pam

Ejercicio 1: subraya en el texto los verbos GUSTAR, ENCANTAR, INTERESAR

VERBO GUSTAR

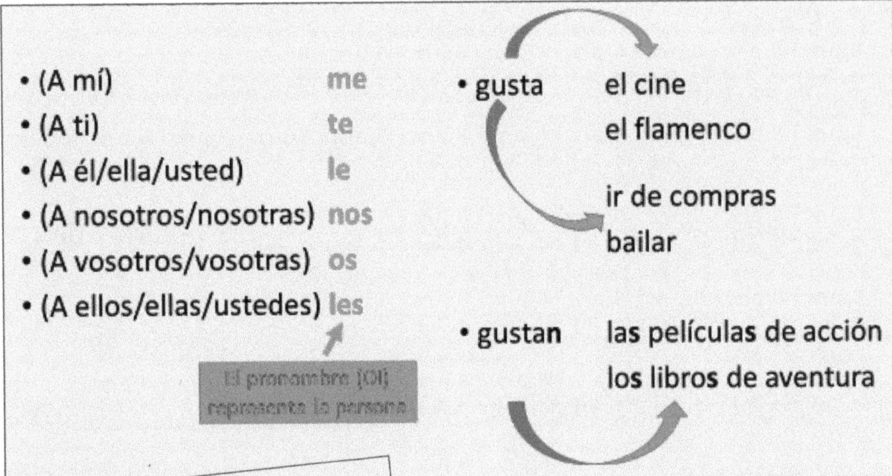

Verbos como gustar: encantar, interesar, apetecer, disgustar, molestar, aburrir.

Dos formas verbales:	gusta / gustan	encanta / encantan
	apetece / apetecen	disgusta / disgustan
	molesta / molestan	aburre / aburren

Ejercicio 2: escribe cuatro cosas que te gustan o te interesan

1. ______________________________
2. ______________________________
3. ______________________________
4. ______________________________

Enlace 1: https://www.youtube.com/watch?v=MxAZR2GX6EY
¿Qué te gusta hacer?
Enlace 2: https://www.youtube.com/watch?v=SdnK1azY3ko
Los colores

Ejercicio 3: completa el verbo en la forma correcta

Ejemplos: Me gusta la moda. (gustar, yo)

Le encantan tus vaqueros. (encantar, ella)

Carola: ¿A ti te gusta ______ las revistas de moda? (gustar, tú)

Josefa: A mí no interesa ______ la ropa. (interesar)

Carola: ¡Cómo que no, si encantan ______ los zapatos! (encantar, tú)

Josefa: Bueno, los zapatos sí. Y también (And also) me gustan ______ los bolsos (Purses). (gustar, yo)

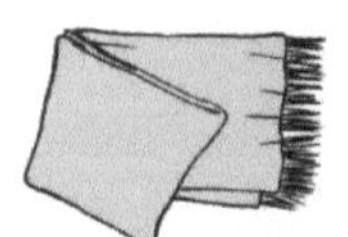

Carola: A mi hermana le gusta ______ mucho tu falda (Skirt) naranja. (gustar)

Josefa: Bueno, a mí encanta ______ su bufanda verde. (encantar)

Carola: La verdad es que a mí me aburre ______ un poco tu chaqueta de piel (leather jacket). ¡La usas todos los días! (aburrir) (Bores)

Josefa: Lo mismo digo de tus pantalones amarillos. No me gustan ______. (gustar, yo)

Carola: Bueno, bueno. No discutamos. ¿A ti te apetece ______ comer algo? (apetecer)

LOS COLORES

amarillo	rojo	negro	azul
verde	rosado	gris	celeste
marrón	morado	blanco	naranja

Capítulo 3

Ejercicio 4: conversa con un compañero

Ejemplo: Me gusta el fútbol. ¿Y a ti?
A mí también me gusta el fútbol. / A mí no me gusta el fútbol.

1. Me interesa el arte. ¿Y a ti? ____________________
2. Me encantan los libros. ¿Y a ti? ____________________
3. Me gusta viajar a países exóticos. ¿Y a ti? ____________________
4. No me gustan las películas de terror. ¿Y a ti? ____________________
5. Me gusta mucho la playa. ¿Y a ti? ____________________
6. Me encanta la pizza. ¿Y a ti? ____________________
7. Me gusta estudiar. ¿Y a ti? ____________________
8. No me gusta el boxeo. ¿Y a ti? ____________________

Ejercicio 5: completa las frases con los colores

1. El abrigo es blanco y negro.
2. El vestido es Rosado.
3. Las gafas son marrillo y negro.
4. Las botas son Rojas y azules.
5. La corbata es verde rojo y amarilla.
6. El cinturón es negro y.
7. Las sandalias son verdes.
8. El sombrero es beige.

Capítulo 3

México lindo y querido

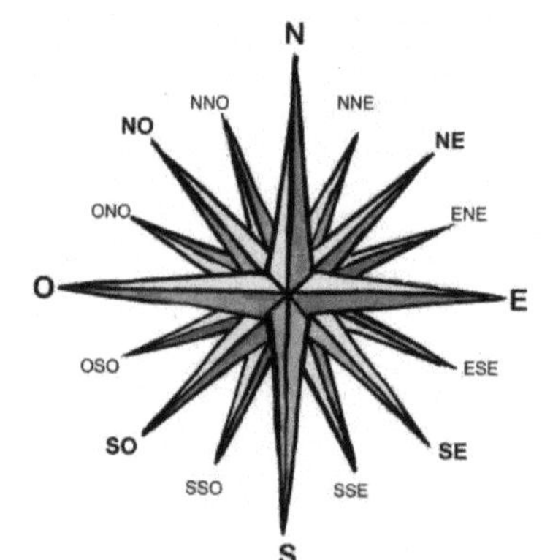

El nombre oficial de México es Estados Unidos Mexicanos. México tiene 31 estados y su capital es la Ciudad de México (también conocida como el D.F.). México está en Norte América y es un país muy grande.

México está al sur de Estados Unidos y al norte de Guatemala y Belice. Al oeste de México está el Océano Pacífico y al este el Océano Atlántico. Ciudad de México está en el centro del país bastante lejos de la playa pero muy cerca de un volcán.

Hay muchos datos interesantes sobre México:

- Es el tercer país más grande de Latinoamérica, sólo después de Brasil y Argentina.
- Es el país más poblado de Hispanoamérica. En México hay más de 119 millones de personas.
- La capital está construida encima de una antigua ciudad azteca y debajo de ella hay un lago.
- En México hablan 60 lenguas nativas, sólo en India hay más lenguas nativas.
- En México hay muchos pobres, pero una de las personas más ricas del mundo es un mexicano.
- Todos los años millones de mariposas monarca inmigran de los Estados Unidos a Michoacán.
- México tiene la plaza de toros más grande del mundo.

"México lindo y querido"
https://vimeo.com/40487114

Voz de la guitarra mía, al despertar la mañana
quiere cantar su alegría a mi tierra mexicana

Yo le canto a sus volcanes, a sus praderas y flores
que son como talismanes del amor de mis amores

México Lindo y Querido si muero lejos de ti
que digan que estoy dormido y que me traigan aquí

Que digan que estoy dormido y que me traigan aquí
México Lindo y Querido si muero lejos de ti

Que me entierren en la sierra al pie de los magueyales
y que me cubra esta tierra que es cuna de hombres cabales

Voz de la guitarra mía, al despertar la mañana
quiere cantar su alegría a mi tierra mexicana

México Lindo y Querido si muero lejos de ti
que digan que estoy dormido y que me traigan aquí

Que digan que estoy dormido y que me traigan aquí
México Lindo y Querido si muero lejos de ti.

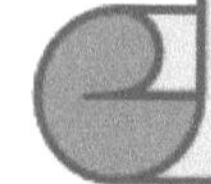

Ejercicio 6: subraya en el texto todos los verbos SER, ESTAR y HABER

Capítulo 3

VERBOS SER Y ESTAR

In Spanish there are two verbs that express "to be": *ser* and *estar*. These verbs are not interchangeable and each one has specific uses.

USES OF SER

➢ Identification	**Ex.**	Él es Carlos, es mi amigo.
➢ Origin/Nationality	**Ex.**	La profesora es de España. Nosotros somos estadounidenses.
➢ Profession/Occupation	**Ex.**	Ella es profesora. Nosotros somos estudiantes.
➢ Description	**Ex.**	Carlos es alto.
➢ Possession	**Ex.**	El libro es de la profesora.
➢ Material	**Ex.**	La mesa es de madera.
➢ Day/Date/Time/Seasons	**Ex.**	Hoy es domingo. Hoy es dos de febrero. Son las once de la mañana. Es verano.
➢ Place and time of an event	**Ex.**	La fiesta es en mi casa. La fiesta es a las ocho.

USES OF ESTAR

➢ Location	**Ex.**	Canadá está en Norte América.
➢ Emotional or physical condition	**Ex.**	Mi hermana está triste. Mis padres están cansados.
➢ Appearance of people and things	**Ex.**	Las calles están sucias. Laura está linda hoy.

VERBO HABER *Hay* means 'there is" or "there are".
Ex. Hay 20 millones de habitantes en Ciudad de México.

Capítulo 3

Ejercicio 7: elige el verbo correcto

1. El supermercado *es* / *está* al final de la calle.
2. El cuaderno *está* / *hay* en la mesa.
3. En una biblioteca *están* / *hay* libros.
4. Grete *es* / *está* de Alemania.
5. La estación de tren *es* / *está* en el centro de la ciudad.
6. ¿Dónde *están* / *hay* los estudiantes?
7. Mi hija *es* / *está* despeinada.
8. Tú *eres* / estás muy serio.
9. *Es* / *Está* mi casa.
10. *Hay* / *Son* veinte estudiantes en la clase de español.

Ejercicio 8: completa la frase con el verbo "ser", "estar" o "haber"

1. Los estudiantes _______________ en la cafetería.
2. Hoy yo _____________ aburrido.
3. _______________ tres dormitorios en mi casa.
4. El dormitorio de mis padres _______________ grande.
5. Mi dormitorio _____________ al lado del baño.
6. La ventana ______________ grande.
7. La ventana ______________ abierta.
8. En la ventana _______________ muchas flores.
9. Mario _____________ arquitecto.
10. Mis amigos _________________ de Madrid.
11. El profesor _______________ de mal humor hoy.
12. _____________ las diez de la noche.

Enlace 3: https://www.youtube.com/watch?v=i4PY8ntTXBg
Verbos SER, ESTAR y HABER

Ejercicio 9: completa el texto con la palabra correc

Estados Unidos de América está en Norte América y

La ______________ de EE.UU. es Washington D.C

______________ del país. La ______________ má

York. Otras ______________ importantes so

Miami.

EE.UU. está al ______________ de México y al ______________ de Canadá. El ______________ Pacífico está al ______________ de los EE.UU. y el ______________ Atlántico está al ______________ del país.

Alaska es el estado más ______________ del país y Rhode Island el más ______________. La ______________ más alta de EE.UU. es McKinley. El ______________ más largo de Estados Unidos es el Misisipi. Los Grandes ______________ son cinco y se llaman Superior, Michigan, Huron, Erie y Ontario.

La bandera de Estados Unidos es ______________, ______________ y ______________. La bandera tiene cincuenta ______________.

azul – blanca – capital – ciudad – ciudades – estados – este (2) – estrellas – grande – Lagos – montaña – norte – océano (2) – oeste – pequeño – río – roja – sur

Capítulo 3

Yo soy alto

Tú eres **bajo**.

Tú eres **alto**.

Mi amiga Hanne es muy **bonita**, pero yo soy muy **fea**.

Mi hermano está muy **gordo**.

Mi hermano está muy **delgado**.

Yo soy **rubia** y él es **moreno**.

Enlace 4: https://www.youtube.com/watch?v=ffALOOF8nsg
Descripción física

Enlace 5: https://www.youtube.com/watch?v=VPpNir3-Z3I
Descripción del carácter

Capítulo 3

DESCRIPCIÓN FÍSICA Y DE CARÁCTER

Adjetivos

DESCRIPCIÓN FÍSICA	
alto/a	bajo/a
moreno/a	rubio/a
guapo/a	feo/a
gordo/a	delgado/a
joven	viejo/a
DESCRIPCIÓN DEL CARÁCTER	
simpático/a	antipático/a
amable	rudo/a
trabajador/a	ocioso/a
bueno/a	malo/a
alegre	triste
entretenido/a	aburrido/a
sociable	tímido/a
inteligente	ignorante
bromista	serio/a
honesto/a	mentiroso/a
presumido/a	modesto/a
generoso/a	tacaño/a
valiente	cobarde
optimista	pesimista
decidido/a	inseguro/a

Es...	alto/a	bajo/a
	simpático	antipático/a
Tiene...	el pelo largo	el pelo corto
	el pelo lacio	el pelo rizado
	los ojos pardos	los ojos azules
Lleva...	barba	bigote
	gafas	pantalones cortos

Ejercicio 10: describe a las personas (conversa con tu compañero)

Ejercicio 11: describe tu aspecto físico y tu carácter (usa 7 adjetivos)

____

____

____

____

____

Capítulo 3

Mexicanos famosos

Frida Kahlo es una renombrada pintora mexicana. Su vida es bastante trágica con muchas enfermedades, tres abortos y muere muy joven a los 47 años. A causa de un accidente de autobús tiene varias operaciones y debe estar en cama. Es cuando empieza a pintar. Pinta muchos autorretratos en los que expresa su dolor y sus experiencias personales. Sus pinturas también incluyen a mujeres fuertes y temas de la Revolución Mexicana. Ella crece y vive en la Casa Azul de Coyoacán, donde hoy hay un interesante museo con sus obras. La película *Frida*, protagonizada por Salma Hayek, relata su vida y su relación amorosa con Diego Rivera, un famoso muralista mexicano.

Carlos Fuentes es un escritor, intelectual y diplomático mexicano. Figura fundamental del *boom* hispanoamericano de los años 60. Su narrativa es experimentalista, tiene un estilo audaz y novedoso. Sus temas se centran en un cuestionamiento de la historia e identidad mexicana. Escribe numerosas novelas, cuentos y ensayos entre ellos tenemos *El espejo enterrado*, *La muerte de Artemio Cruz* y *Aura*. Fuentes es ganador de numerosos premios por su magnífica obra. Muere en 2012 a los 83 años sin nunca recibir el merecido Premio Nobel de Literatura. Al respecto dijo: "Cuando se lo dieron a García Márquez (1982) me lo dieron a mí, a mi generación, a la novela latinoamericana que nosotros representamos en un momento dado. De manera que yo me doy por premiado".

Dato curioso

Carlos Santana es de Jalisco, México. Él es un muy conocido guitarrista, cantante y compositor. Santana tiene el record del mayor número de premios *Grammy* ganados en una sola noche (¡un total de 8!), igualado sólo por Michael Jackson.

Capítulo 3

Ejercicio 12: contesta si la frase es verdadera o falsa

	V	F
1. Frida Kahlo es una escultora mexicana.		✓
2. Frida Kahlo pinta sobre experiencias personales.	✓	
3. Frida Kahlo muere muy vieja.		✓
4. Carlos Fuentes es un escritor mexicano.	✓	
5. Carlos Fuentes gana el premio Nobel de Literatura.		✓
6. Sus obras cuestionan la identidad mexicana.	✓	
7. Santana no tiene premios por su música.		✓

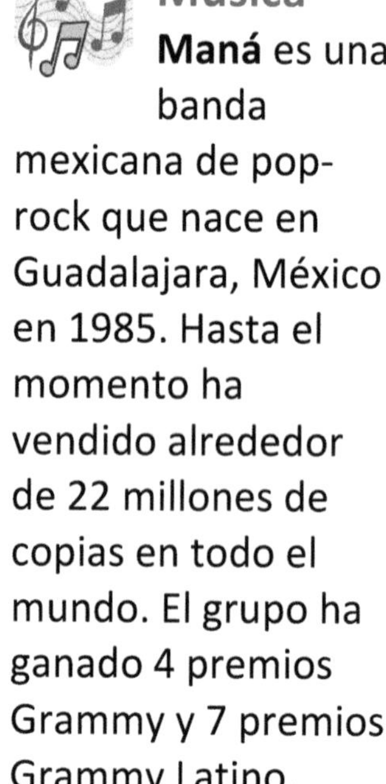

Música

Maná es una banda mexicana de pop-rock que nace en Guadalajara, México en 1985. Hasta el momento ha vendido alrededor de 22 millones de copias en todo el mundo. El grupo ha ganado 4 premios Grammy y 7 premios Grammy Latino, entre otros premios.

Ejercicio 13: escucha la canción y completa con los verbos SER y HABER

"Mi verdad" Maná dueto con Shakira
https://www.youtube.com/watch?v=ZuupMrAhGXw

______ mentiras en los labios, ______ mentiras en la piel ¡qué dolor!
______ mentiras, ______ amantes que por instantes de placer ponen su vida a temblar

______ mentiras compasivas, ______ mentiras por piedad, que no quieren lastimar
______ mentiras que nos hieren de verdad. Ay, ay, ay

______ engaños que por años ocultaron la verdad haciendo mucho daño
Ay, yo me voy a refugiar a la tierra de tu amor. Mi verdad

Tú ______ mi amor, mi alegría, la verdad de mi vida
Mi bebé que me salta a los brazos de prisa
Tú ______ mi refugio y mi verdad
Oye... tú ______ mi amor, mi alegría, la verdad de mi vida
Mi bebé que me calma el alma con risas
Tú ______ mi refugio y mi verdad

______ mentira en la mirada, ______ mentiras en la piel, dibujadas
______ mentiras, ______ amantes que por instantes de placer ponen su vida a temblar

______ doctrinas y oradores, dictadores sin piedad, que gobiernan sin verdad
Y ______ mentiras en los diarios, en las redes y en el mar. Ay, ay, ay

______ engaños que por años ocultaron la verdad hiriendo de dolor
Ay, yo me voy a refugiar al oasis de tu amor

Tú ______ mi amor, mi alegría, la verdad de mi vida...

En un mundo tan irreal no sé qué creer
Y amor sé que tú ______ mi verdad, ______ mi verdad

Tú ______ la luz que me guía, tú ______ la voz que me calma
Tú ______ la lluvia de mi alma, y ______ toda mi verdad (BIS)
______ toda mi verdad.

Capítulo 3

PALABRAS INTERROGATIVAS

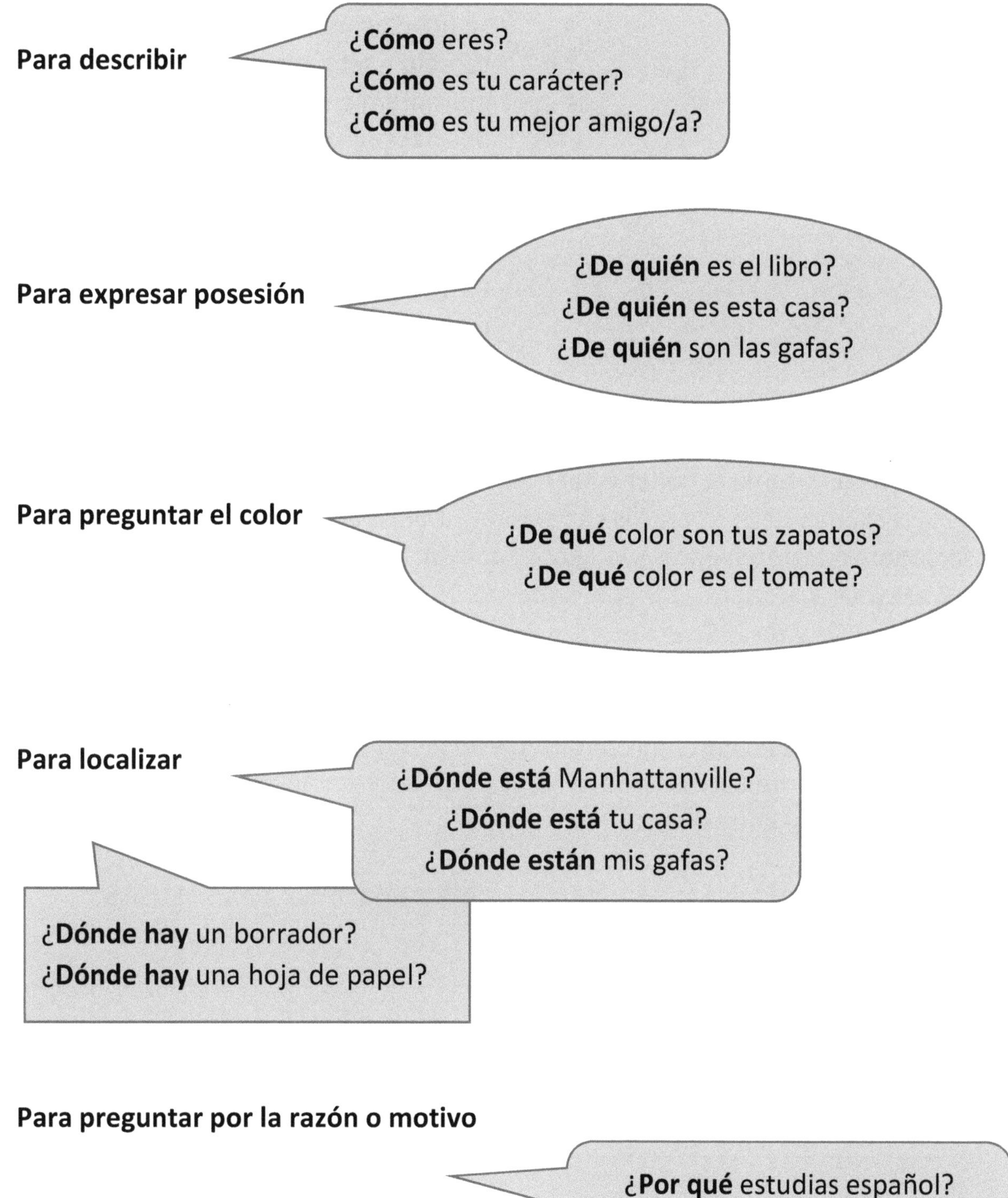

Para preguntar por la razón o motivo

¿**Por qué** estudias español?
¿**Por qué** no te gusta leer?
¿**Por qué** no comes pescado?

Un poco de Historia: la Revolución Mexicana en breve

La Revolución Mexicana busca el cambio y reforma social del país. El enfrentamiento armado dura más de dos décadas durante las cuales México vive en un caos político y social. Estos, muy brevemente, son los principales sucesos:

En 1910, Porfirio Díaz es presidente por séptima vez. Su opositor, Francisco Madero, promueve una rebelión nacional. Líderes populares como Pancho Villa y Emiliano Zapata lo apoyan. Porfirio Díaz huye a Europa. Francisco Madero toma el poder y hace algunas reformas. Pero Zapata apoyado por Villa reclaman tierras para los campesinos. Mientras tanto, los sectores conservadores (terratenientes y la Iglesia) apoyan a Victoriano Huerta quien manda asesinar a Madero y toma el poder en 1913. En 1915, Venustiano Carranza derroca a Huerta y en 1917 presenta la Constitución de Querétaro. En 1919, Zapata es asesinado. En 1920, Carranza también es asesinado y Álvaro Obregón sube al poder. En 1923, un grupo de terratenientes asesinan a Villa. Los intentos de violencia continúan hasta que Lázaro Cárdenas llega al gobierno. Finalmente en 1937 el presidente Cárdenas hace realidad la Reforma Agraria y la Nacionalización del Petróleo en 1938.

Ejercicio 14: conversa con tu compañero. Hazle 6 preguntas sobre el texto

1. ____
2. ____
3. ____
4. ____
5. ____
6. ____

Capítulo 3

Escribe un pequeño texto sobre ti

Puedes guiarte por estas preguntas:

1. ¿Cómo es tu aspecto físico?
2. ¿Cómo es tu carácter?
3. ¿Qué te gusta comer?
4. ¿Qué tipo de música te gusta?
5. ¿Qué tipo de películas te gustan?
6. ¿Qué te interesa leer?
7. ¿Qué deportes te gustan?
8. ¿Qué te gusta hacer los fines de semana?

Mi apariencia física incluye anteojos, ojos marrones y cabello corto. Mi personaje es amable, optimista, humilde y divertido. Me gusta comer todo tipo de comida, desde español hasta italiano. Mi gusta el hip hop rap pop y la música española. Me gustan las películas de acción, comedia y terror. Estoy interesado en leer libros de ficción como la mitología. Me gusta el Basketball y el football. Me gusta relajarme y ponerme al día con el trabajo escolar el fin de semana.

Otros enlaces:

- Carlos Fuentes https://www.youtube.com/watch?v=IV3de4-OzWw
- Carlos Fuentes on Mexico's drug war https://www.youtube.com/watch?v=1SVZIX9q764
- Celebrities with Mexican roots https://www.youtube.com/watch?v=JuTWDYf-YsY
- Frida Kahlo https://www.youtube.com/watch?v=jYWKoMFjnbs
- Mexican movie directors https://www.youtube.com/watch?v=JRFQxv4wFPA
- Carlos Slim https://www.youtube.com/watch?v=B9AQPT5Stms
- Carlos Santana https://www.youtube.com/watch?v=XP06PP4UDXg

Capítulo 3

VOCABULARIO

MASCULINO SINGULAR	MASCULINO SINGULAR	MASCULINO SINGULAR
el aborto	el dolor	el norte
el accidente	el enfrentamiento	el océano
el autobús	el ensayo	el oeste
el autorretrato	el espejo	el opositor
el/la cantante	el este	**los** pantalones
el cambio	el galardón	el poder
el campesino	el/la guitarrista	el sombrero
el centro	el/la intelectual	el suceso
el compositor	el intento	el sur
el cuento	el lago	el terrateniente
el cuestionamiento	el/la líder	el vestido
el dato	el/la muralista	el volcán
el diplomático	el museo	**los** zapatos

FEMENINO SINGULAR	FEMENINO SINGULAR	FEMENINO SINGULAR
la blusa	la falda	la rebelión
la cama	la figura	la relación
la camisa	**las** gafas	la revolución
la camiseta	la muerte	**las** sandalias
la década	la operación	la tierra
la enfermedad	la playa	la vida
la experiencia	la plaza	la violencia

Adjetivos

amoroso/a (s)
antiguo/a (s)
fuerte (s)
fundamental (es)
interesante (s)

magnífico/a(s)
merecido/a (s)
nativo/a (s)
numeroso/a (s)
poblado/a(s)

pobre (s)
renombrado/a (s)
rico/a (s)
solo/a (s)
trágico/a (s)

Adverbios

al lado de
bastante

cerca de
debajo de

encima de
lejos de

Capítulo 3

Ejercicio 15: escribe frases con las palabras nuevas del vocabulario

1. ____
2. ____
3. ____
4. ____
5. ____
6. ____
7. ____
8. ____
9. ____
10. ____

Repaso capítulos 1, 2, 3

SALUDOS Y DESPEDIDAS: elige la opción correcta

1. • Cómo estás? ______ **a.** ¿Cómo estás? **b.** ¿Cómo eres?
   ♦ Muy bien.

2. • ¿De dónde eres?
   ♦ B. ______ **a.** Soy Cuba. **b.** Soy cubana.

3. • ______ **a.** ¿De dónde sois? **b.** ¿De dónde eres?
   ♦ Somos de Puerto Rico.

4. • Hasta pronto
   ♦ b ______ **a.** Hola. **b.** Chao.

5. • a ______ **a.** ¿De dónde eres? **b.** ¿De dónde es?
   ♦ Soy mexicana.

6. • a ______ **a.** ¿Cómo te llamas? **b.** ¿Cómo es nombre?
   ♦ María.

PRONOMBRES Y VERBO LLAMARSE: elige la opción correcta

1. Yo a ______ Federico. **a.** llamo **b.** me llamo
2. ¿Tú b ______ Elena? **a.** te llamas **b.** se llamas
3. a ______ se llama Ana. **a.** Él **b.** Ella
4. Nosotros b ______ Luis y Juan. **a.** nos llamáis **b.** nos llamamos
5. a ______ os llamáis Ana y Marcos. **a.** Vosotros **b.** Vosotras
6. Ustedes a ______ Pedro y Pablo. **a.** se llaman **b.** te llaman

VERBOS REGULARES –AR –ER –IR: completa la tabla

	VIAJAR	CORRER	DECIDIR
yo			decido
tú		corres	
él / ella / usted	viaja		
nosotros /as			decidimos
vosotros / as		corréis	
ellos / ellas / ustedes	viajan		

Repaso capítulos 1, 2, 3

ARTÍCULOS DEFINIDOS - GÉNERO: completa con “el” o “la”

______ mano	______ pierna	______ tema	______ ciudad
______ ojo	______ oriente	______ emoción	______ capital

ARTÍCULOS DEFINIDOS - NÚMERO: escribe la forma plural

________________ el labio	________________ el dedo
________________ la frente	________________ el corazón
________________ el pie	________________ la espalda
________________ la oreja	________________ el sudor
________________ la nariz	________________ el jueves

ARTÍCULOS DEFINIDOS E INDEFINIDOS: elige la opción correcta

1. ¿Dónde hay _____ biblioteca?	**a.** la	**b.** una
2. ¿Dónde está _____ supermercado?	**a.** el	**b.** un
3. ¿Dónde hay _____ farmacia?	**a.** un	**b.** una
4. ¿Dónde está _____ estación de tren?	**a.** el	**b.** la
5. ¿Dónde está _____ escuela secundaria?	**a.** la	**b.** una
6. ¿Dónde hay _____ banco?	**a.** el	**b.** un

PALABRAS INTERROGATIVAS: elige la opción correcta

1. ¿__________ eres?	**a.** Dónde	**b.** De dónde
2. ¿__________ vives?	**a.** Quién	**b.** Con quién
3. ¿__________ te llamas?	**a.** Cómo	**b.** Qué
4. ¿__________ estudias?	**a.** Qué	**b.** De qué
5. ¿__________ cuesta?	**a.** Cuánto	**b.** Qué
6. ¿__________ años tienes?	**a.** Cómo	**b.** Cuántos

Repaso capítulos 1, 2, 3

ADJETIVOS POSESIVOS: completa el texto con el posesivo correcto

_Mi_ familia no es muy grande, pero vivimos en diferentes lugares. _____ padres viven en _______ casa que está en España. _____ abuelo también vive con _____ padres. Yo tengo tres hermanos. _____ hermano mayor se llama Víctor y está casado. _____ esposa se llama Fernanda y ellos viven en Colombia. Tienen dos hijos, _____ hija mayor estudia en universidad y _____ hijo menor estudia en la escuela secundaria. Los dos viven con ______ padres. ______ hermano Sergio no está casado, pero tiene novia. ______ novia se llama Ramona. Ellos viven en Ecuador. ______ hermano menor estudia en Barcelona y vive con tres amigos. _______ compañeros de piso son muy simpáticos. Yo vivo en México donde estudio una maestría. ______ posgrado es en Estudios Mesoamericanos. ______ profesores son muy simpáticos y tengo muchos amigos.

VERBOS IRREGULARES: elige la opción correcta

1. Yo (*poner*) pono / pongo
2. Tú (*jugar*) juegas / jugas
3. Él (*querer*) quere / quiere
4. Yo (*nacer*) nazco / naco
5. Ellos (*poder*) pueden / poden
6. Yo (*dirigir*) dirigo / dirijo
7. Tú (*seguir*) segues / sigues
8. Yo (*huir*) huio / huyo

¿QUÉ HORA ES?: escribe la respuesta 1:45 Son las dos menos cuarto

1. 1:10 Es la una y diez.
2. 3:15 Son las tres y cuarto (y quince)
3. 4:05 Son las cuatro y cinco.
4. 6:30 Son las seis y media o... treinta
5. 7:28 Son las siete y veintiocho
6. 10:50 Son las once menos diez.

Repaso capítulos 1, 2, 3

molestar: to bother / annoy

VERBOS GUSTAR / INTERESAR / MOLESTAR: elige la opción correcta

1. A nosotros nos molesta / nos molestan el ruido. noise
2. ¿A ti le gusta / te gusta jugar béisbol?
3. Me interesan / Me interesa mucho los museos. ¿Y a ti?
4. A Juan se gustan / le gustan las chicas guapas.
5. A mis padres le interesan / les interesan mis planes futuros.
6. ¿A vosotros os molesta / os molestáis que fume?

VERBOS "SER", "ESTAR" Y "HABER": completa el texto con el verbo correcto

Uruguay __________ un país que __________ en el Cono Sur americano. La capital de Uruguay __________ Montevideo. Otras ciudades importantes __________ Colonia, Piedras y Mercedes. Al norte de Uruguay __________ Brasil, al oeste __________ Argentina y al este __________ el Océano Atlántico.

En Uruguay __________ 3.4 millones de habitantes. En Uruguay __________ un alto nivel de alfabetización, __________ el país de Latinoamérica con mayor alfabetización. El idioma oficial de Uruguay __________ el español. Su moneda __________ el peso uruguayo. Los colores de la bandera uruguaya __________ azul y blanco y tiene una estrella amarilla

Uruguay no __________ un país muy grande, pero __________ famoso por sus lindas playas. Además, Uruguay __________ uno de los países más verdes del mundo. El clima de Uruguay __________ templado.

__________ muchos escritores famosos de Uruguay. Algunos __________: Horacio Quiroga, Mario Benedetti, Delmira Agustini, Juana de Ibarbourou.

Capítulo 4

España

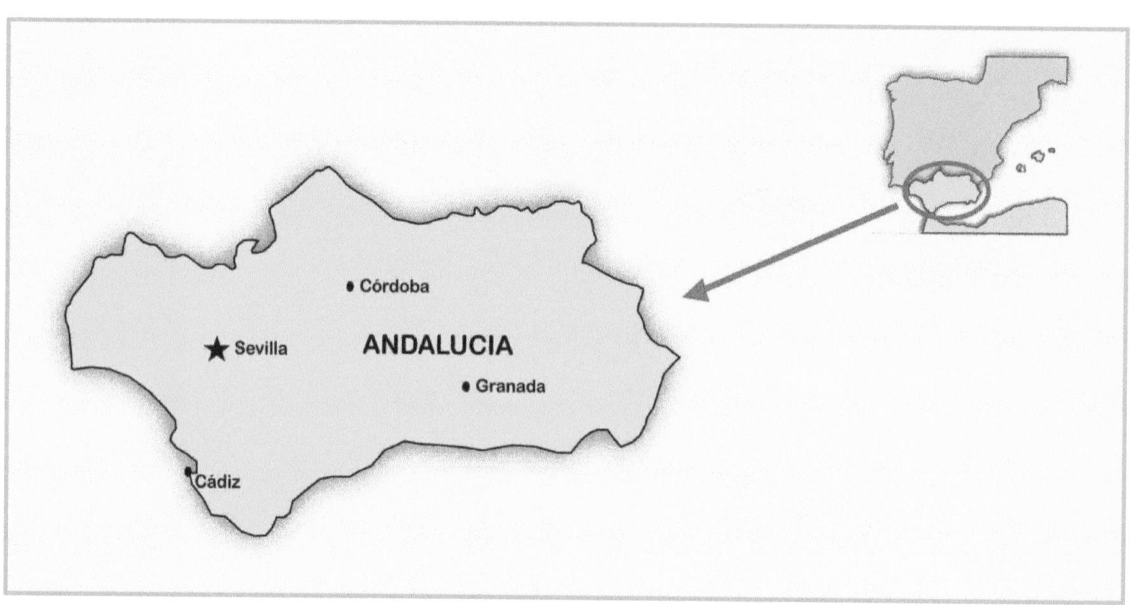

ESPAÑA

Capital:	Madrid
Moneda:	el euro
Población:	46.5 millones
Ciudades importantes:	Barcelona, Valencia, Sevilla
Idiomas oficiales:	español, catalán, vasco y gallego
Clima:	templado
Productos:	el aceite de oliva
Plato típico:	la paella
Lugares turísticos:	las islas Baleares, La Alhambra
Música típica:	el flamenco

Capítulo 4

Vamos a ir de viaje

Capítulo 4

Llegamos a Andalucía

Queridos Pam y Sam:

¡Recuerdos desde España!

Este país es maravilloso. Todo es muy bonito. Hoy estamos en Córdoba. Aquí vamos a visitar la zona de la Judería, la sinagoga y la fantástica Mezquita-Catedral. Mañana partimos a Granada, donde vamos a ver La Alhambra. Allí tengo que ir a un espectáculo de flamenco y también quiero ir a las cuevas del Albaicín. Quiero tomar muchas fotos de todo. Luego vamos a continuar con Sevilla, la capital de Andalucía. Necesito prestar mucha atención al guía del tour, porque aquí hay mucha historia. ¿Sabéis que los árabes vivieron en el sur de España por casi 800 años?

Muchos cariños,

Hanne

Ejercicio 1: subraya en el texto todos los verbos auxiliares

Capítulo 4

PERÍFRASIS VERBALES

Verbal periphrases are formed with two parts: an auxiliary verb and a principal verb. The auxiliary verb always comes before the principal verb. The auxiliary verb is conjugated and the principal verb is not (that is, it is used in its infinitive form).

IR + *a* + infinitivo

To express a future action.

Ex. Voy a llevar a los estudiantes a España.
Vamos a visitar Córdoba.

PODER + infinitivo

To request permission, ask for a favor or indicate that you are able to do something.

Ex. ¿Puedo ir con vosotros?
¿Puedes abrir la ventana?
Yo puedo hablar un poco de español.

QUERER + infinitivo

To propose a plan or indicate that you want to do something.

Ex. Queremos visitar Andalucía.
Quiero ir a un tablao flamenco.

PREFERIR + infinitivo

To express a preference.

Ex. Voy a trabajar, pero prefiero ir al cine.
Preferimos comer pizza.

NECESITAR + infinitivo

To express a need.

Ex. Necesito comprar leche.
Necesitas empacar para tu viaje.

TENER + *que* + infinitivo

To express an obligation.

Ex. Tengo que trabajar este fin de semana.
Tenéis que visitar a vuestra abuela.

Enlace 1: https://www.youtube.com/watch?v=uwRXoLrNLuA
Verbo ir + a + infinitivo

Enlace 2: https://www.youtube.com/watch?v=i4DoeGr-SQk
Verbo poder + infinitivo

Enlace 3: https://youtu.be/5yLFEO1A8uY
Verbos: tener + que + infinitivo; hay + que + infinitivo

Enlace 4: https://youtu.be/noLa1Qtk2wQ?list=PL7361AECB50D73300
Verbos: necesitar + infinitivo; querer + infinitivo

Capítulo 4

Ejercicio 2: IR + a + infinitivo

Ejemplo: Él va a ir temprano al trabajo mañana.

1. (Yo) ____________ cenar tarde esta noche.
2. ¿(Tú) ____________ ir de compras esta tarde?
3. Usted ____________ venir a la oficina la próxima semana.
4. (Nosotros) ____________ visitar a nuestros padres mañana.
5. ¿(Vosotros) ____________ jugar golf el domingo?
6. (Ellos) ____________ beber cacao después de esquiar.

Ejercicio 3: PODER + infinitivo

Ejemplo: ¿Puedes hablar más despacio?

1. ¿(Nosotros) ____________ abrir la ventana?
2. ¿(Tú) ____________ hablar un poco más alto, por favor?
3. ¿(Usted) ____________ repetir, por favor?
4. ¿(Tú) ____________ jugar afuera, por favor?
5. ¿(Vosotros) ____________ venir a cenar a casa el viernes a las 9?
6. ¿(Yo) ____________ fumar aquí?

Ejercicio 4: QUERER + infinitivo

Ejemplo: ¿Quieres ir a tomar un café?

1. ¿(Usted) ____________ almorzar ahora?
2. ¿(Vosotros) ____________ pasar las vacaciones en España?
3. ¿(Ustedes) ____________ salir a pasear esta tarde?
4. ¿(Tú) ____________ ir a jugar afuera?
5. ¿(Vosotros) ____________ venir a cenar a casa el sábado?
6. ¿(Tú) ____________ fumar?

Ejercicio 5: PREFERIR + infinitivo

Ejemplo: Ella prefiere ir al campo que a la playa.

1. (Yo) ____________ cenar ahora.
2. (Tú) ____________ ir de compras que estudiar.

3. ¿(Usted) prefiere ______ almorzar ahora o después?
4. Nosotros preferimos ______ visitar a los abuelos.
5. ¿(Vosotros) preferís ______ venir a cenar a casa el miércoles o el jueves?
6. (Ellos) prefieren ______ jugar tenis mañana.

They prefer to play tennis tomorrow.

Ejercicio 6: NECESITAR + infinitivo

Ejemplo: Él necesita ir al dentista.

1. (Yo) necesito ______ comer algo. I need to eat something.
2. (Tú) necesitas ______ ir de compras, no hay comida en casa. You need to go shopping, there is no food at home.
3. Pedro necesita ______ pasar unos días con sus primos.
4. (Nosotros) necesitamos ______ sacar buenas notas.
5. (Vosotras) necesitáis ______ comprar zapatos nuevos para la fiesta.
6. (Ellos) necesitan ______ dormir temprano.

They need to sleep early.

Ejercicio 7: TENER + que + infinitivo

Ejemplo: Él tiene que levantarse temprano.

1. (Yo) tengo que ______ cenar ahora. I have to have dinner now
2. (Tú) tienes que ______ ir a comprar el regalo de tu tía.
3. Josefa tiene que ______ pasar unos días en casa de su abuela.
4. (Nosotros) tenemos ______ visitar a nuestros vecinos.
5. (Vosotros) tenéis ______ venir a cenar a casa uno de estos días.
6. (Ellas) tienen ______ jugar tenis mañana.

Ejercicio 8: escribe una oración con cada una de las perífrasis verbales

1. Nosotros vamos a la tienda de Constables al menos una vez a la semana.
2. Puedes leer y hablar mejor español que inglés.
3. ______.
4. ______.
5. ______.
6. ______.

Capítulo 4

El clima en Andalucía

El clima en España es increíblemente diverso. Hay una diferencia enorme entre el clima del norte y el del sur.

El clima de Andalucía es de tipo mediterráneo, es decir, es cálido todo el año. En Andalucía hace sol todo el año y hay poca lluvia.

Los inviernos son húmedos, pero cortos. Las temperaturas son suaves, la temperatura mínima es de 12°C. Los veranos son secos y calurosos, la temperatura máxima es de 28°C. La lluvia es escasa, llueve generalmente durante el otoño y la primavera.

La mejor temporada para viajar por Andalucía es de marzo a junio y desde mediados de septiembre hasta noviembre. En julio y agosto, el calor puede ser muy fuerte e incómodo.

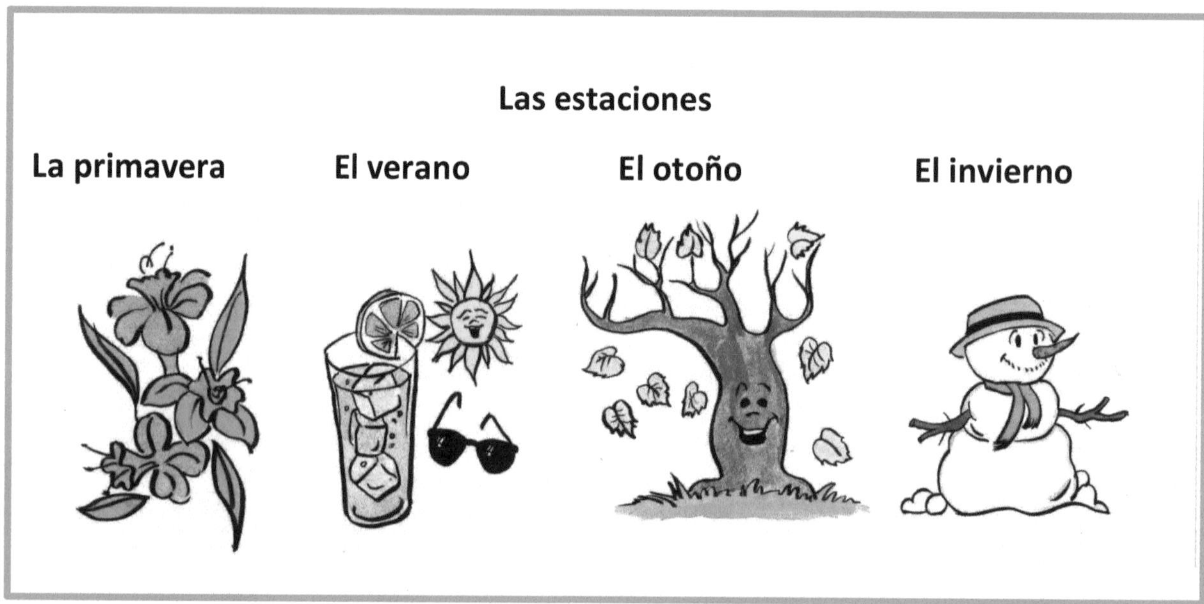

Capítulo 4

EL CLIMA

Hace buen tiempo

Hace mal tiempo

Hace sol

Hace viento

Hace frío

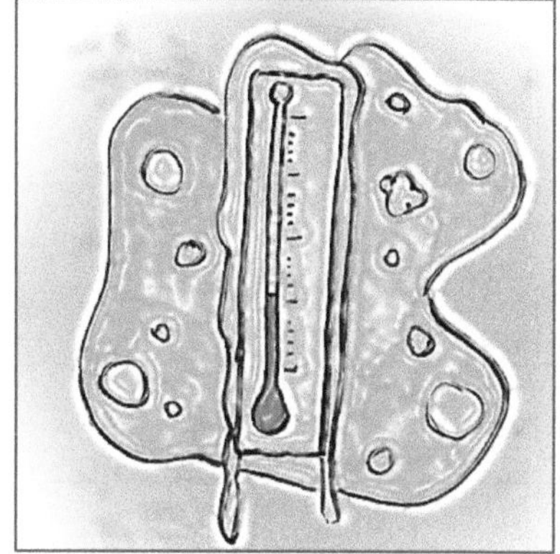

Hace calor

Está nublado

Llueve

Nieva

Capítulo 4

Ejercicio 9: ¿Qué clima hace?

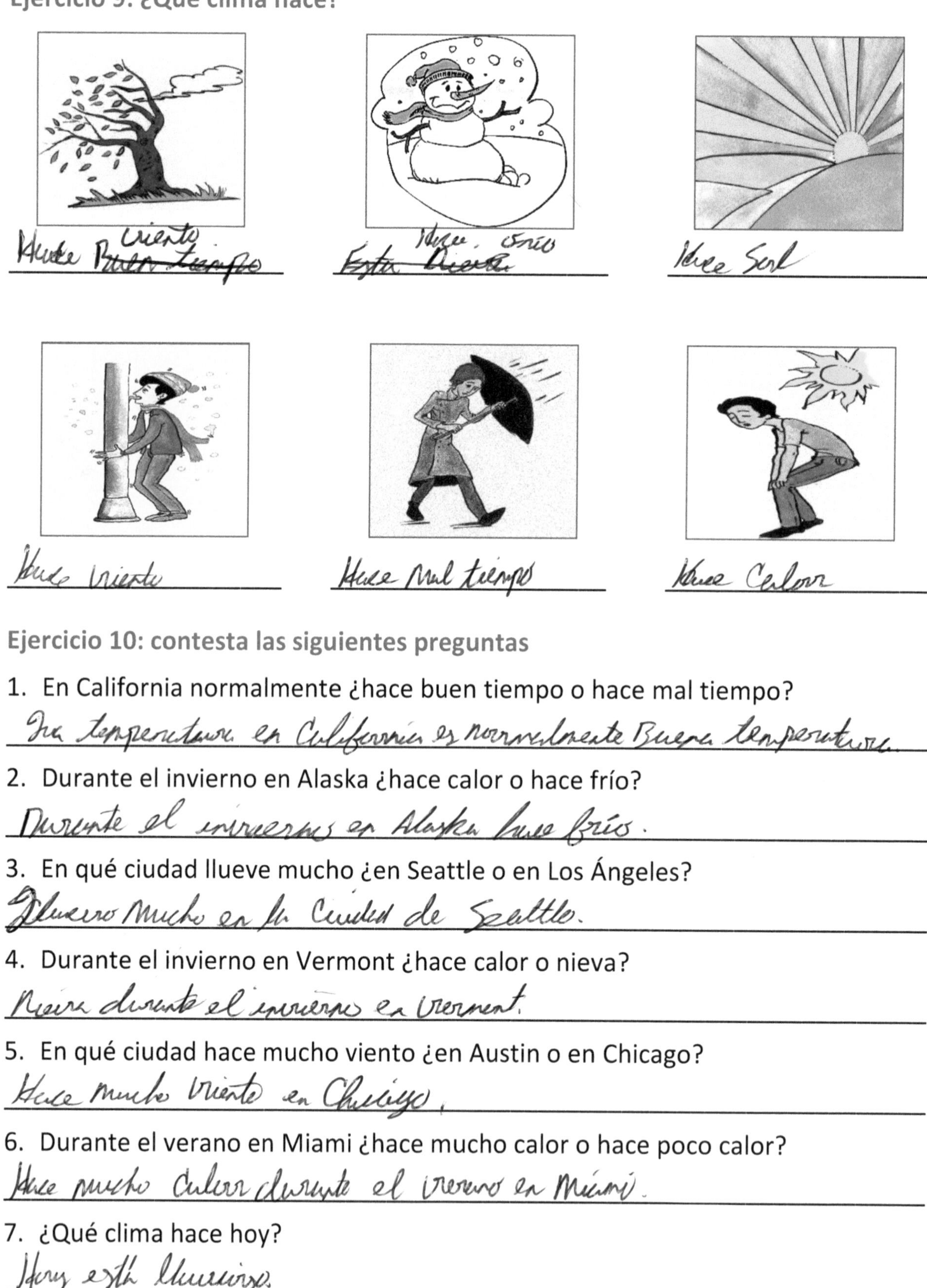

Hace ~~Buen tiempo~~ viento

~~Esta nieva~~ Hace frío

Hace Sol

Hace viento

Hace Mal tiempo

Hace Calor

Ejercicio 10: contesta las siguientes preguntas

1. En California normalmente ¿hace buen tiempo o hace mal tiempo?

La temperatura en California es normalmente Buena temperatura.

2. Durante el invierno en Alaska ¿hace calor o hace frío?

Durante el invierno en Alaska hace frío.

3. En qué ciudad llueve mucho ¿en Seattle o en Los Ángeles?

Llueve Mucho en la Ciudad de Seattle.

4. Durante el invierno en Vermont ¿hace calor o nieva?

Nieva durante el invierno en Vermont.

5. En qué ciudad hace mucho viento ¿en Austin o en Chicago?

Hace mucho Viento en Chicago.

6. Durante el verano en Miami ¿hace mucho calor o hace poco calor?

Hace mucho Calor durante el verano en Miami.

7. ¿Qué clima hace hoy?

Hoy esta lluvioso.

MUY Y MUCHO

En Andalucía... todo es <u>muy</u> bonito.
hay <u>muchos</u> lugares interesantes.
hay <u>mucha</u> historia.
hace <u>muy</u> buen clima.

MUY	MUCHO
• no cambia	• cambia mucho / mucha / muchos / muchas
• **muy** + adjetivo / adverbio Ej. Ella es muy <u>simpática</u>. Hablas español muy <u>bien</u>.	• **mucho** + sustantivo Ej. Como muchos <u>chocolates</u>. Tomo mucho <u>café</u>.
	• verbo + **mucho** Ej. <u>Como</u> mucho. <u>Llueve</u> mucho.

Ejercicio 11: completa las frases con MUY o MUCHO

1. Mi hermano es ____________ alto.
2. Tengo ____________ trabajo.
3. Hay ____________ casas viejas en mi barrio.
4. Mi hermana es ____________ bonita.
5. Hace ____________ frío.
6. Mis zapatos están ____________ sucios.
7. Ella tiene ____________ paciencia.
8. Tus amigas son ____________ simpáticas.
9. Mi hijo tiene ____________ amigos.
10. Estoy ____________ cansado.
11. Necesito ______________ vasos para la fiesta.
12. Mi hija tiene ____________ tarea.

Capítulo 4

ADVERBIOS DE LUGAR: AQUÍ, AHÍ, ALLÍ

In English something can be in one of two places: here or there. But Spanish has three such locations: here (*aquí*), there (*ahí*) and over there (*allí*).

Ex. **Aquí** todo es muy bonito.
¿Cómo está el clima por **allí**?

ADJETIVOS DEMOSTRATIVOS

Demonstrative adjectives in English are: this and that. In Spanish, we also say "this" and "that," but there is a separate word used to mean "that one over there." Remember that in Spanish, adjectives have to match the noun in gender and number. So each demonstrative adjective has four forms: masculine singular, masculine plural, feminine singular, feminine plural.

	(AQUÍ) (ACÁ)	(AHÍ)	(ALLÍ) (ALLÁ)
MASCULINO SINGULAR	este	ese	aquel
FEMENINO SINGULAR	esta	esa	aquella
MASCULINO PLURAL	estos	esos	aquellos
FEMENINO PLURAL	estas	esas	aquellas

Ex. **Esta** ciudad es maravillosa.
Tenemos que trabajar **este** verano.
Estos estudiantes son muy inteligentes.
Puedes guiarte por **estas** preguntas.

Enlace 5: https://www.youtube.com/watch?v=utI9I-p09cg
Muy y mucho
Enlace 6: https://www.youtube.com/watch?v=ZCBB6ilYSj0
Adjetivos demostrativos

Capítulo 4

Ejercicio 12: completa la tabla con las palabras de abajo

Este **Ese** **Aquel**	**Esta** **Esa** **Aquella**	**Estos** **Esos** **Aquellos**	**Estas** **Esas** **Aquellas**

agrupaciones
amigos
año
autoridades
clases
días
enfermedad
exposición
familias
idiomas
indígenas
lugar
mercados
mochila
noche
país
pantalones
parte
periódico
premios
problema
reloj
situación
sociedades
tarde
tema
vacaciones
visitantes

Ejercicio 13: completa la frase con el adjetivo demostrativo correcto

Ejemplo: Ahí hay unos pantalones. ¿Cuánto cuestan esos pantalones?

1. Aquí hay una bufanda. ¿____________ bufanda es de seda?
2. Allí hay un vestido. ¿De qué talla es ________ vestido?
3. Aquí hay unos guantes. ¿____________ guantes son de piel?
4. Allí hay un cinturón. ¿____________ cinturón es negro o marrón?
5. Allí hay un suéter de lana. ¿Es caro ____________ suéter?
6. Allí hay unos calcetines. ¿__________ calcetines son de algodón?
7. Aquí hay unas medias. ¿Cómo hay que lavar ________ medias?
8. Allí hay unos zapatos. ¿De qué marca son ________ zapatos?
9. Ahí hay una chaqueta. ¿____________ chaqueta es de tu hijo?

El flamenco es una expresión artística producto de la unión de la música de guitarra, la danza y el cante. El flamenco nace en Andalucía, en el sur de España, y es un baile muy antiguo.

El flamenco expresa las penas, las alegrías, las tragedias y los temores. Es un baile muy expresivo con una técnica y estética propia. Durante el baile todo el cuerpo se mueve de forma coordinada: los pies, las piernas, las caderas, el talle, los brazos, las manos, los dedos, los hombros, la cabeza. El flamenco se acompaña con la guitarra, las castañuelas y las palmas.

El flamenco es el resultado de un mestizaje cultural: gitano, árabe, cristiano y judío. Hoy en día el flamenco se aprecia y practica alrededor del mundo y hay festivales de flamenco por las principales ciudades del mundo (Londres, Nueva York, Chicago, Paris, Tokio). En 2010, la Unesco declara el flamenco Patrimonio Cultural de la Humanidad.

Enlace 7: https://www.youtube.com/watch?v=eM3sgW_AdgE
Flamenco
Enlace 8: https://www.youtube.com/watch?v=Gm-1UwztxHI
Camarón

Capítulo 4

EL CUERPO

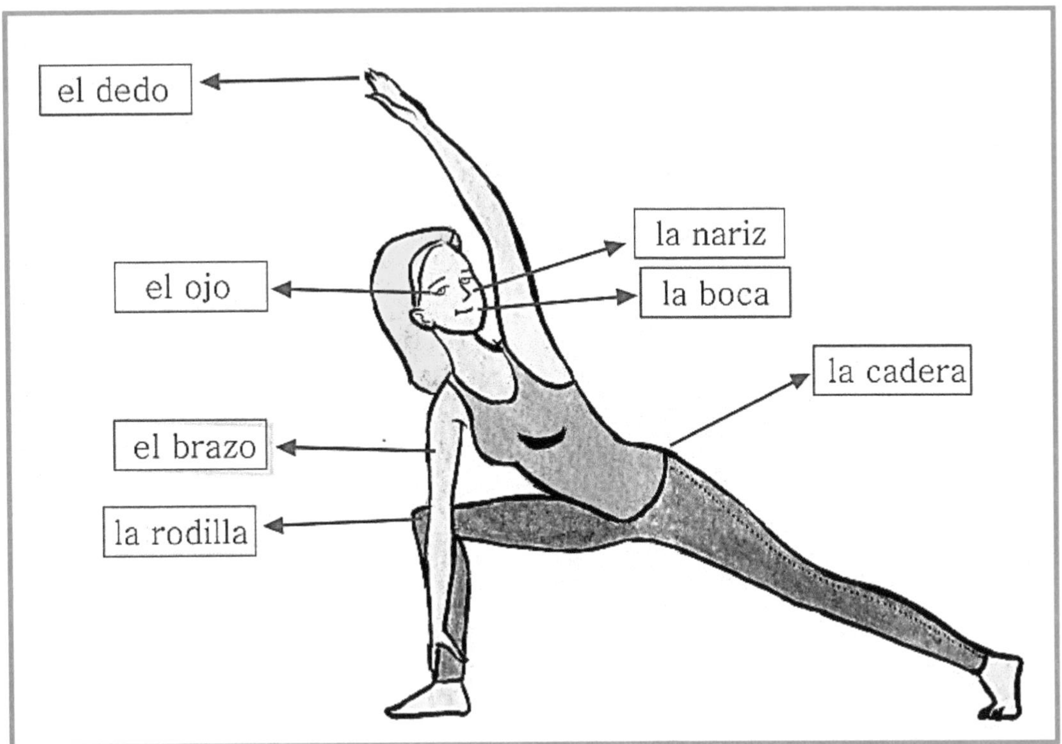

Ejercicio 14: completa las partes del cuerpo (consulta el texto "El flamenco")

Capítulo 4

Andaluces famosos

Federico García Lorca nace en Fuentevaqueros, Granada en 1898. Su madre le inspira la afición por la música y la poesía. Es el poeta español más leído de todos los tiempos. Su poesía se inspira en la tradición andaluza y española. Es también un gran dramaturgo. Su trilogía *Yerma*, *Bodas de sangre* y *La casa de Bernarda* Alba son obras cumbres en la literatura universal. Sus temas son el amor, el sexo, la violencia y la muerte. Solidariza con las minorías sociales –gitanos, negros, judíos– y con la gente oprimida y excluida de la sociedad –como la mujer en la España de aquella época. Elige a esos personajes como protagonistas y les da voz en muchas de sus obras. *Poeta en Nueva York* es un poemario escrito durante su estadía en esa ciudad donde se siente particularmente atraído por Harlem. En 1936 comienza la Guerra Civil Española. Aunque Lorca no pertenece a ningún partido político, los nacionalistas lo detienen y fusilan.

Sara Baras nace en 1971 en San Fernando, Cádiz y es una "bailaora" de flamenco. De niña aprende a bailar flamenco con su madre quien es su profesora. En sus primeros años en el mundo del espectáculo, actúa junto a las grandes figuras del flamenco, como Camarón y Tomatito. Pasa a formar parte de la compañía de Manuel Morao y con ellos triunfa en varios espectáculos. En 1997 ella crea su propia compañía, el Ballet Flamenco Sara Baras. Ella ha hecho numerosas giras por el mundo demostrando su arte. Baras tiene un estilo propio que mezcla elementos modernos al flamenco tradicional. En 2003 obtiene el Premio Nacional de Danza.

¿Quién es el padre del cubismo?

El padre del "cubismo" es un andaluz muy famoso. Él nace en Málaga, pero vive casi toda su vida en Francia. Su pintura tiene diferentes periodos: azul, rosa, cubismo, surrealismo. Su nombre es...

Capítulo 4

Ejercicio 15: contesta las siguientes preguntas

1. ¿De qué color es la bandera de España?

____

2. ¿Dónde está Andalucía?

____

3. ¿Cuáles son tres ciudades importantes de Andalucía?

____

4. ¿Quién es Federico García Lorca?

____

5. ¿Quién inspira la afición a la poesía a Lorca?

____

6. ¿A quién da voz en sus obras Lorca?

____

7. ¿Cómo muere Lorca?

____

8. ¿Quién es Sara Baras?

____

9. ¿Con quienes actúa Sara Baras?

____

10. ¿Qué premio obtiene Baras en 2003?

____

Un poco de Historia: Al-Ándalus una cultura, tres religiones

En 711 los árabes, también conocidos como los moros, llegan a España. Ellos conquistan casi toda la Península Ibérica y llaman Al-Ándalus a ese territorio (de ahí proviene el nombre Andalucía).

Su primera capital es Sevilla. Luego se crea el califato de Córdoba, que compite en poder, conocimientos y prestigio con el califato de Damasco.

Los árabes dominan durante casi ochocientos años la Península, y durante ese tiempo llevan muchos conocimientos científicos, en la construcción, la arquitectura, el arte y la agricultura. Los árabes introducen nuevas técnicas en Europa como la fabricación de papel, vidrio y azulejos. Llevan nuevos cultivos como arroz, naranjas, limones y azafrán. Inclusive introducen el juego del ajedrez en Europa.

Durante ese período construyen hermosos palacios y mezquitas, que son hoy en día las joyas de Andalucía, tales como: la Alhambra y el Generalife en Granada, la Giralda de Sevilla y la Mezquita de Córdoba.

Los musulmanes practican su religión, el Islam, pero son bastante tolerantes. Muchos judíos, cristianos y musulmanes conviven en las grandes ciudades de sus territorios. Inclusive el español tiene numerosas palabras que provienen del árabe (sobre 20%) como: almohada, alcohol, alfombra, alcachofa, aceite, zanahoria, entre otras.

Ejercicio 16: conversa con tu compañero. Hazle 6 preguntas sobre el texto

1. ______________________________
2. ______________________________
3. ______________________________
4. ______________________________
5. ______________________________
6. ______________________________

Escribe un pequeño texto sobre ti

Puedes guiarte por estas preguntas:

1. ¿Qué tienes que hacer hoy?
2. ¿Qué prefieres cenar esta noche?
3. ¿Con quién vas a cenar hoy?
4. ¿Qué debes hacer para sacar una "A" en español?
5. ¿Qué necesitas hacer este fin de semana?
6. ¿Qué quieres hacer este fin de semana?

____

____

____

____

____

____

____

____

____

Otros enlaces:

- Sara Baras https://www.youtube.com/watch?v=q5jI4DVPOJ4
- Pablo Picasso at work https://youtu.be/X59U4mUqWtw
- Federico García Lorca's Death https://www.youtube.com/watch?t=82&v=czIj54AHYqs
- Seville, Spain: The Moors and Alcázar https://www.youtube.com/watch?v=eUMsJ3d7RWE
- Córdoba, Spain: Magnificent Mezquita https://www.youtube.com/watch?v=7YvNMDy_h3g
- Andalucía https://www.youtube.com/watch?v=n-8BN-_RuYA

Música

David Bisbal es un cantante de pop, compositor y actor andaluz. Él es de Almería, España. Su primer *single* "Diez mil maneras" se convirtió desde la primera semana de su lanzamiento en el número uno en iTunes.

Ejercicio 17: escucha la canción y completa los verbos SER, ESTAR y HABER

"Diez mil maneras" David Bisbal
https://www.youtube.com/watch?v=K8q5boZdKuU

Si antes de correr, olvidar y desaparecer
Antes de hablar y herir después, caer y levantarnos

¿Por qué no caminas junto a mí?
De la mano solo sin decir nada
Solo basta estar aquí, suficiente con mirarnos

No _______ para mí vivir así, tal vez sí _______ para ti
¿Qué vas a decidir?

Si ________ diez mil maneras de olvidar
De rescatarnos e intentar
Contarnos siempre la verdad
¿Por qué decir que no?
Si ________ diez mil silencios que olvidar
Ningún secreto que ocultar. Oh, oh, oh, oh
No _______ por qué decir que no

Y sé muy bien que a veces puede más la costumbre que la soledad
A veces tanta terquedad intenta separarnos

No _______ para mí vivir así, tal vez sí _______ para ti
¿Qué vas a decidir?

Si hay diez mil maneras de olvidar...

El amor duele sin remedio si lo dejas ir
Y no ________ por qué perderlo, dejemos de mentir
_______ acabando el tiempo lentamente...

Si hay diez mil maneras de olvidar...

Capítulo 4

VOCABULARIO

MASCULINO SINGULAR	MASCULINO SINGULAR	MASCULINO SINGULAR
enero	el amor	el sol
febrero	el debut	el viaje
marzo	el dramaturgo	el viento
abril	el espectáculo	
mayo	el gitano	
junio	el guía	
julio	el judío	
agosto	el mestizaje	
septiembre	el partido	
octubre	el poemario	
noviembre	el poeta	
diciembre	el sexo	

FEMENINO SINGULAR	FEMENINO SINGULAR	FEMENINO SINGULAR
la afición	la época	la mezquita
la agricultura	la estadía	la minoría
la arquitectura	la fabricación	**las** palmas
las castañuelas	la foto	la península
la catedral	la gira	la poesía
la compañía	la guerra	la sinagoga
la construcción	la joya	la técnica
la cueva	la lluvia	la tradición

Adjetivos

cálido/a(s)
civil (es)
corta/o (s)
diverso/a (s)
escaso/a (s)
fantástico/a (s)
humano/a (s)
incómodo/a (s)
maravilloso/a (s)
máximo/a (s)
mínimo/a (s)
nacionalista
ninguno/a (s)
oprimido/a(s)
poco/a (s)
todo/a (s)

Adverbios

alrededor
generalmente
increíblemente
particularmente

Capítulo 5

Cuba

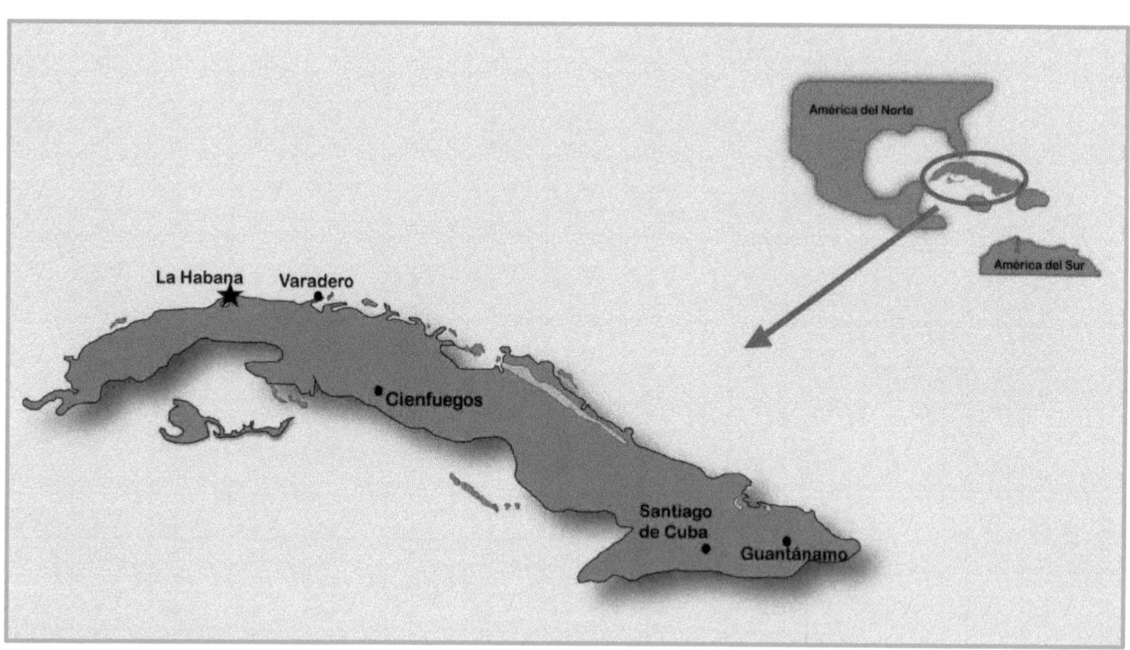

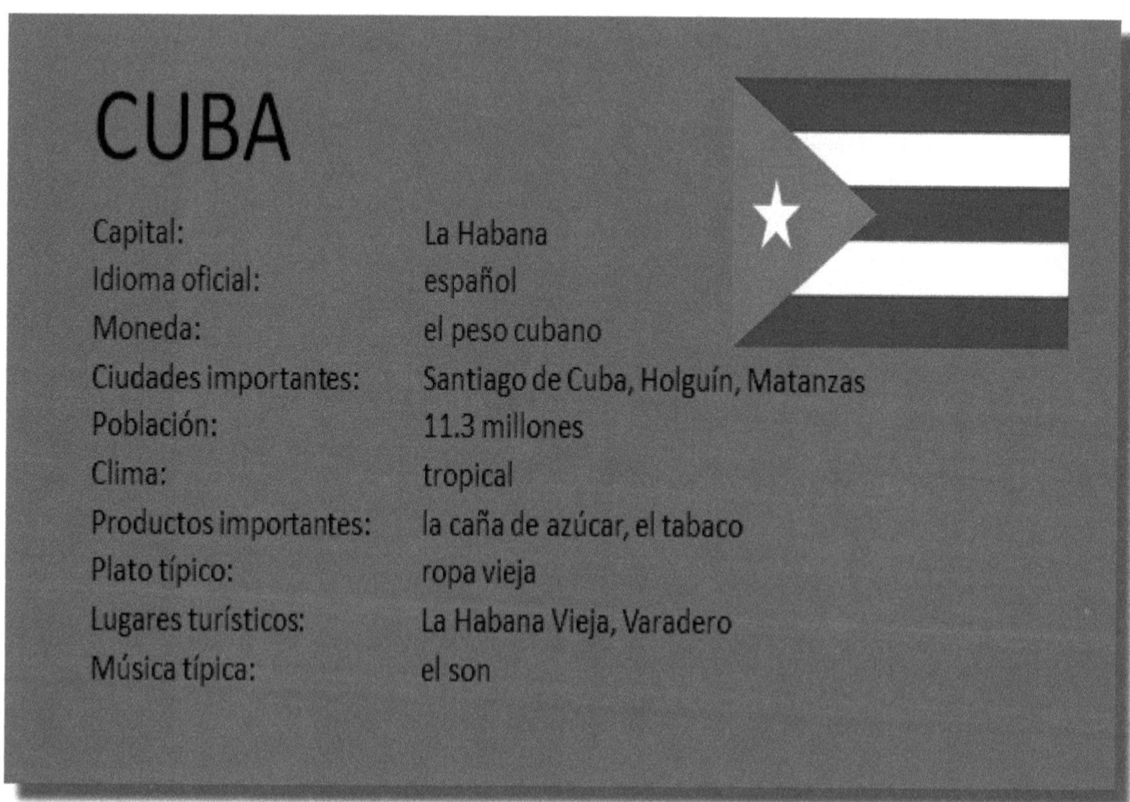

Capítulo 5

Hoy me levanto temprano

Capítulo 5

VERBOS REFLEXIVOS

A verb is reflexive when the subject and the object are the same. That is, if you take the verb "to wash" for instance, you wash a baby, you wash a dog or a car, but you wash "yourself". In this last case the verb is reflexive.

Ex. Lavo a mi bebé.
Lavo a mi perro.
Lavo mi carro.
Me lavo las manos.

When a verb is reflexive, the infinitive ends in "se." There is one reflexive verb that you have been using since you began studying Spanish: "llamarse". So you already know how to use the "reflexive pronouns": me, te, se, nos, os, se.

Reflexive verbs:

acercarse a
acordarse de
acostarse
acostumbrarse a
afeitarse
arrepentirse de
cepillarse
despedirse de
despertarse
divertirse
dormirse
ducharse
enamorarse de
enfadarse
interesarse en
lavarse
levantarse
maquillarse
marcharse
peinarse
pintarse
ponerse
preocuparse de
secarse
sentarse
sentirse
vestirse

Ejercicio 1: escribe el pronombre reflexivo correcto

Ejemplo: me lavo

_____ levanto _____ laváis _____ acuestas _____ ducha

_____ vestimos _____ ponemos _____ baña _____ secáis

_____ pintan _____ peina _____ despierto _____ maquillan

Enlace 1: https://www.youtube.com/watch?v=I2ZTZZIiZog
Verbos reflexivos
Enlace 2: https://www.youtube.com/watch?v=M0iG68Of3y4
Mi rutina

Capítulo 5

VERBOS REFLEXIVOS REGULARES

	LEVANTARSE	DUCHARSE	MAQUILLARSE	AFEITARSE
me	levant**o**		maquill**o**	afeit**o**
te				afeit**as**
se		duch**a**		
nos	levant**amos**		maquill**amos**	
os				
se		duch**an**		

	LAVARSE	SECARSE	CEPILLARSE	MARCHARSE
me		sec**o**		
te			cepill**as**	
se				march**a**
nos		sec**amos**		
os	lav**áis**		cepill**áis**	
se	lav**an**			march**an**

VERBOS REFLEXIVOS IRREGULARES

	DESPERTARSE	ACOSTARSE	SENTARSE	ACORDARSE
me	despiert**o**			
te		acuest**as**		acuerd**as**
se		acuest**a**		
nos	despert**amos**		sent**amos**	
os		acost**áis**		acord**áis**
se			sient**an**	

	DESPEDIRSE	DIVERTIRSE	VESTIRSE	PONERSE
me		diviert**o**		pong**o**
te	despid**es**	diviert**es**		pon**es**
se			vist**e**	
nos			vest**imos**	
os	desped**ís**			
se				

Capítulo 5

Ejercicio 2: ¿Qué hacen los personajes? ¿Reflexivo o no?

Se pone | Tocar | atarse los zapatos

Capítulo 5

Ejercicio 2: ¿Qué hacen los personajes? ¿Reflexivo o no? (continuación)

lee un libro

Se ducha

Juega

Se lava las manos

ella corre

Se cepilla los dientes

Escribe

Juega Baloncesto

Se acuesta.

Capítulo 5

Ejercicio 3: conjuga el verbo e incluye el pronombre reflexivo únicamente si el verbo es reflexivo

Ejemplo: Ana <u>se ducha</u> a las 7:00. (*ducharse*)
Ana <u>desayuna</u> a las 7:15. (*desayunar*)

1. Mis padres nunca __Comen__ muy tarde. (*comer*)
2. Mis padres ________________ muy tarde. (*levantarse*)
3. Yo siempre __me cepillo__ los dientes después de comer. (*cepillarse*)
4. Ella nunca __se maquilla__ para entrenar. (*maquillarse*)
5. ¿Tú y tus amigos __llegáis__ temprano a la escuela? (*llegar*)
6. Mis amigos __se tienen__ dos hijos. (*tener*)
7. Mi familia __se acuestan__ muy tarde en el fin de semana. (*acostarse*)
8. Mi familia y yo __salimos__ siempre a caminar por las tardes. (*salir*)
9. Mi padre __se afeita__ todas las mañanas. (*afeitarse*)
10. Los sábados yo __me pongo__ ropa elegante. (*ponerse*)
11. María siempre ________________ a las 6:00. (*despertarse*)

Ejercicio 4: subraya los verbos en el texto. ¿Cuáles son verbos reflexivos?

Me llamo María Inés Jiménez y soy profesora. Todos los días me despierto muy temprano y me levanto a las seis y cuarto. Me ducho y me lavo el cabello. Siempre me visto de prisa y me peino, pero nunca me maquillo porque no tengo tiempo. Normalmente preparo un buen desayuno para la familia. Despierto a mis dos hijos y después de desayunar nos marchamos de casa. Casi siempre voy a pie al trabajo. Doy cinco clases que pasan muy rápido. Nunca me aburro. Frecuentemente me divierto mucho con mis alumnos. En mis clases estoy muy activa, a menudo estoy de pie y pocas veces me siento. Algunas veces regreso a casa en autobús. Siempre ceno con mi familia y charlamos un rato. Casi nunca nos acostamos antes de las diez. Normalmente veo un poco de tele antes de dormir.

EXPRESIONES DE FRECUENCIA

- Siempre **Ex.** Siempre me levanto a las 6 de la mañana.
- Casi siempre **Ex.** Casi siempre me ducho antes de desayunar.
- Normalmente **Ex.** Normalmente me visto muy rápido.
- Frecuentemente **Ex.** Frecuentemente desayuno un café con leche.
- A menudo **Ex.** A menudo me lavo el cabello.
- A veces **Ex.** A veces me maquillo y me peino.
- Algunas veces **Ex.** Algunas veces me pinto los labios.
- Pocas veces **Ex.** Pocas veces me acuesto antes de las 10:00.
- Casi nunca **Ex.** Casi nunca dejo de cepillarme los dientes.
- Nunca **Ex.** Nunca me marcho de casa antes de las 7:00.
- Jamás **Ex.** Jamás llego tarde al trabajo.
- (Casi) Todos los días / los lunes / los meses / los años
- Todas las semanas / las mañanas / las tardes / las noches
- Una vez al día / a la semana / al mes / al año
- Dos veces al día / a la semana / al mes / al año
- Tres veces…

Ejercicio 5: en el texto anterior marca todas las expresiones de frecuencia

Ejercicio 6: conversa con tu compañero, utiliza las expresiones de frecuencia

1. ¿Con qué frecuencia comes verduras y frutas? ____________________
2. ¿Con qué frecuencia haces deporte? ____________________
3. ¿Con qué frecuencia lees libros? ____________________
4. ¿A qué hora te despiertas? ____________________
5. ¿A qué hora te acuestas? ____________________
6. ¿Con qué frecuencia comes en restaurantes? ____________________
7. ¿Con qué frecuencia sales con tus amigos? ____________________
8. ¿Con qué frecuencia vas al cine? ____________________
9. ¿Cuántos días a la semana tienes clases? ____________________
10. ¿Cuántas veces al día te cepillas los dientes? ____________________

Capítulo 5

Nuestra charla sobre Cuba

MANUELA: Bienvenidos y buenos días a todos. ¿Alguno de ustedes conoce a algún cubano? ¿Alguien sabe algo de Cuba? ¿Alguno conoce Cuba? Bueno, hoy vamos a conocer a una cubana y vamos a saber algo sobre su país. Tengo el agrado de presentarles a nuestra invitada, Blanca Gómez. Ella es médica de profesión y está en una gira de ayuda a los países vecinos. Hoy va a compartir con nosotros sus conocimientos sobre su país.

BLANCA: Tengo mucho gusto de estar aquí con ustedes y hablarles un poco sobre mi país. Cuba es un país situado en el norte del mar Caribe. La Habana es la capital y es la ciudad más grande de la isla. La ubicación estratégica y la riqueza agrícola de Cuba hacen de la isla un deseado objetivo. Las playas y la belleza natural de Cuba atraen a millones de turistas.

Cuba es un estado comunista. Al comienzo del régimen comunista hay enormes mejoras en educación, atención sanitaria y bienestar social. Pero todo colapsa cuando el apoyo económico de la antigua Unión Soviética para. Desde entonces, Cuba tiene que establecer un estricto racionamiento de alimentos y energía. A pesar del largo embargo comercial estadounidense, la economía de Cuba mejora gracias a inversiones canadienses, europeas y latinoamericanas, especialmente en turismo.

Después de 49 años de gobierno, en 2008 Fidel Castro renuncia a la presidencia y deja como sucesor a su hermano Raúl. En 2014 Cuba y EE.UU. restablecen las relaciones diplomáticas interrumpidas desde 1961. Creemos que este cambio va a fortalecer aún más nuestra economía.

Gracias por su atención. Ahora, deseo continuar mi presentación contestando preguntas del público...

Ejercicio 7: subraya en el texto todos los verbos SABER y CONOCER

Capítulo 5

VERBOS SABER Y CONOCER

In Spanish there are two verbs that express the idea "to know." These two verbs are "saber" and "conocer" and they are not interchangeable. The verb to use depends on the context.

SABER

To express knowledge or ignorance of a fact or information about something.

Ex. Yo no sé tu número de teléfono.

To express knowledge or ignorance of a skill, or how to do something you use “saber” + infinitive.

Ex. Tú sabes hablar un poco de español.

To ask for information.

Ex. ¿Sabes a qué hora comienza la clase de español?

CONOCER

To express that one is or is not acquainted with a person, a place, or an object.

Ex. ¿Tú conoces a María Fe?
Yo conozco París.

Ejercicio 8: elige la opción correcta

1. ¿A quién *sabes* / *conoces* en esta oficina?
2. ¿Qué ciudades de Estados Unidos *sabes* / *conoces* bien?
3. ¿Mariana *sabe* / *conoce* cuando se va a graduar?
4. ¿Vosotros *sabéis* / *conocéis* a qué hora salen los trenes para Madrid?
5. ¿*Sabes* / *Conoces* a la madre de Susana?
6. ¿*Sabes* / *conoces* hablar alemán?
7. ¿Mis padres no *saben* / *conocen* París?
8. ¿*Sabes* / *Conoces* cuántos habitantes tiene Madrid?
9. Jorge no *sabe* / *conoce* cómo llegar a tu casa.
10. Mi hermano *sabe* / *conoce* hablar tres idiomas.
11. ¿Tú *sabes* / *conoces* el museo Metropolitan?
12. ¿Y *sabes* / *conoces* como llegar al museo Metropolitan?
13. ¿Tú *sabes* / *conoces* a Fabiola?
14. ¿*Sabes* / *Conoces* cuántos años tiene Fabiola?

VERBOS PREGUNTAR Y PEDIR

In Spanish there are two verbs mean "to ask." These two verbs are "preguntar" and "pedir" and they are not interchangeable. The verb to use depends on the context.

PREGUNTAR To ask a question, or request information.

Ex. Pregunta qué día es el examen.

PEDIR To request an object, service or favor.

Ex. Pide el libro para el lunes.

Ejercicio 9: escribe el verbo correcto PREGUNTAR o PEDIR

1. Roberto Pregunta_____ dónde está la oficina.
2. Usted debe pider_____ los documentos en la oficina principal.
3. El camarero pregunta_____ qué quieren comer.
4. Yo siempre pido_____ pasta.
5. Vosotros tenéis que preguntáis_____ dónde hay un restaurante.
6. Cuando llegas a un país el oficial siempre pides_____ el pasaporte.
7. Nosotros siempre ~~preguntamos~~ pedimos_____ vino con la comida.
8. Mi hijo pregunta_____ cuánto cuesta el agua mineral.
9. Mi hijo ~~pide~~ pedir_____ un agua mineral.
10. ¿Cuánto dinero le vas a pides_____ a tu padre?
11. Rosa pregunta_____ por qué la biblioteca está cerrada.
12. Tú pides_____ más tiempo para entregar la tarea.
13. El cajero pide_____ la identificación al cliente.
14. Sara y Ana siempre preguntan_____ por su abuela.
15. Vosotras preguntáis_____ cuándo es el examen final.

Capítulo 5

Ejercicio 10: escribe el verbo correcto SABER o CONOCER

1. Mis amigos no __________________ lo interesante que es leer.
2. Mis padres __________________ que yo tengo novio.
3. Ella no _____________________ a María José.
4. (Nosotros) _________________que el curso de español termina el jueves.
5. ¿________________ vosotros al director de la biblioteca?
6. Por favor, señor ¿_____________ usted a qué hora empieza el concierto?
7. ¿(Tú) ______________ bien a tus amigos?
8. La señora Pérez no ______________ que su hijo tiene fiebre.
9. (Tú) _________________ que tengo 17 años, no puedo entrar al bar.
10. Los estudiantes ___________________ que aquí no se permite fumar.
11. ¿________________ (vosotros) que ella tiene miedo a los perros?
12. ¿Cómo vas a ______________ a chicos si nunca vas a ninguna fiesta?
13. Mi prima __________________ tocar el piano muy bien.
14. Mi madre __________________ a mi novio.
15. Yo _____________________ hablar un poco de español.
16. ¿Vosotros _________________ cuándo es el examen final?
17. Por favor, señorita ¿_____________ usted dónde está la estación de tren?
18. Los estudiantes ______________ que no deben usar sus celulares en clase.
19. ¿Tú _________________ la casa de Paula?
20. ¿Tú _________________ la dirección de Paula?

Enlace 3: https://www.youtube.com/watch?v=xO2VKybNIAk
Verbo "saber"
Enlace 4: https://www.youtube.com/watch?v=YOhxkEO7eBY
Verbo "conocer"
Enlace 5: https://www.youtube.com/watch?v=bwuHgN_OKqs
Verbos "saber" vs "conocer"

Capítulo 5

Y ahora las preguntas...

Capítulo 5

Más preguntas...

Capítulo 5

El Festival Internacional del Nuevo Cine Latinoamericano de La Habana existe desde 1979. Es un festival anual en el que se convocan a los cineastas latinoamericanos. El premio que se otorga a los ganadores es el Gran Premio Coral, el nombre es un símbolo de los grandes arrecifes de coral que existen en el Mar Caribe.

El objetivo del festival es reconocer y difundir las obras cinematográficas que contribuyen al enriquecimiento y reafirmación de la identidad cultural latinoamericana y caribeña.

El festival sirve de plataforma a las producciones que sufren del anonimato internacional (en particular por la industria cinematográfica de Hollywood).

Este es un festival muy famoso. Es uno de los festivales más importantes del cine latinoamericano.

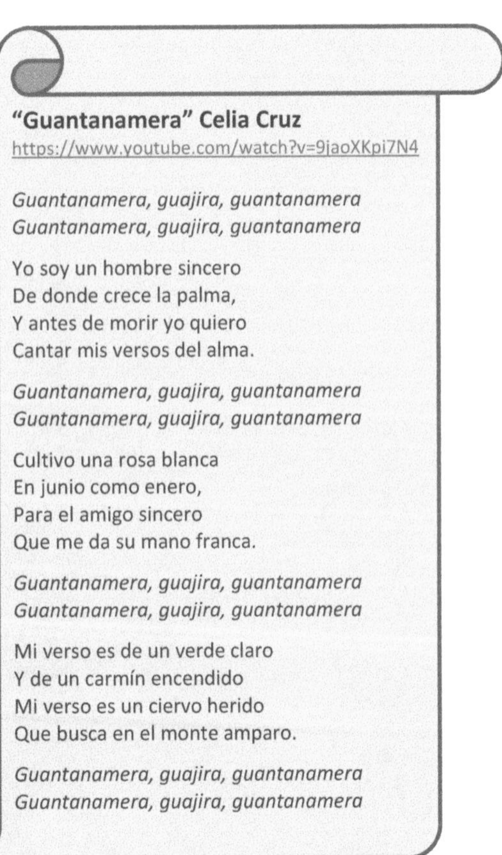

"Guantanamera" Celia Cruz
https://www.youtube.com/watch?v=9jaoXKpi7N4

Guantanamera, guajira, guantanamera
Guantanamera, guajira, guantanamera

Yo soy un hombre sincero
De donde crece la palma,
Y antes de morir yo quiero
Cantar mis versos del alma.

Guantanamera, guajira, guantanamera
Guantanamera, guajira, guantanamera

Cultivo una rosa blanca
En junio como enero,
Para el amigo sincero
Que me da su mano franca.

Guantanamera, guajira, guantanamera
Guantanamera, guajira, guantanamera

Mi verso es de un verde claro
Y de un carmín encendido
Mi verso es un ciervo herido
Que busca en el monte amparo.

Guantanamera, guajira, guantanamera
Guantanamera, guajira, guantanamera

Guantanamera es una popular canción cubana conocida en todo el mundo. La versión que hoy en día conocemos es una adaptación hecha por Julián Orbón quien toma la letra de una selección de estrofas del poemario *Versos sencillos* de José Martí. Esta versión es cantada por la famosa cantante cubana Celia Cruz.

Capítulo 5

Ejercicio 11: contesta las siguientes preguntas sobre Cuba

1. ¿Qué premio otorga el Festival Internacional del Nuevo Cine Latinoamericano?

____

2. ¿Por qué el premio tiene ese nombre?

____

3. ¿Cuál es el deporte más popular en Cuba?

____

4. ¿Cuándo llega a Cuba el béisbol?

____

5. ¿Cuántas islas y cayos tiene Cuba?

____

6. ¿Cuál es el porcentaje de alfabetismo en Cuba?

____

7. ¿Qué Papa visita Cuba en 1998?

____

8. ¿Qué es la Santería?

____

9. ¿Qué es *Guantanamera*?

____

10. ¿Quién es Celia Cruz?

____

Cubanos famosos

José Martí es un escritor, ideólogo y político cubano. Desde joven le atraen las ideas independentistas e inicia su actividad revolucionaria. A los 17 años es encarcelado por pertenecer a grupos independentistas y luego deportado a España. Vive en México y en Nueva York. Desde su exilio Martí organiza un nuevo proceso revolucionario en Cuba, y en 1892 funda el Partido Revolucionario Cubano. Se convierte en el máximo líder de la lucha por la independencia de su país. Además, Martí es uno de los más grandes poetas hispanoamericanos y precursor del Modernismo literario hispanoamericano. Sus poemarios son: *Versos libres*, *Ismaelillo* y *Versos sencillos*. La poesía de Martí tiene una visión dualista de la humanidad: realidad e idealismo, espíritu y materia, verdad y falsedad, conciencia e inconsciencia, luz y oscuridad. Muere en 1895, cuando Cuba todavía es colonia de España.

Alicia Alonso es una *Prima Ballerina Assoluta* (título reservado para las bailarinas más sobresalientes de ballet clásico). Es la Directora del Ballet Nacional de Cuba. Es una de las personalidades más relevantes en la historia del ballet clásico. Su estilo, influido por las escuelas rusa y clásica estadounidense, la sitúa entre las mejores bailarinas de su época. Comienza la danza a los 9 años. Estudia ballet en Nueva York y Londres. En 1948 funda la primera compañía de ballet de Cuba. Baila como prima ballerina en las principales ciudades del mundo. Recibe numerosos galardones y distinciones internacionales. Retirada de la danza, dedica su esfuerzo al campo coreográfico.

Dato curioso

Arnaldo Tamayo nace en Guantánamo. Es el primer cosmonauta latinoamericano y la primera persona con raíces africanas en estar en el espacio. Él forma parte del proyecto soviético *Interkosmos* y realiza un viaje espacial en el "Soyuz 38" en 1980.

Capítulo 5

Ejercicio 12: contesta si la frase es verdadera o falsa

	V	F
1. José Martí es un ideólogo cubano.	____	____
2. Martí funda un partido político.	____	____
3. Martí vive fuera de Cuba por su propia elección.	____	____
4. Alicia Alonso es una escritora cubana.	____	____
5. Alonso funda una compañía de ballet.	____	____
6. Alonso es una de las mejores bailarinas del mundo.	____	____
7. Arnaldo Tamayo es un astronauta cubano.	____	____

Música

La **Nueva Trova Cubana** es un movimiento cultural y musical que surge en Cuba después de la Revolución. La "nueva trova" tiene sus raíces en la trova tradicional, pero el contenido de sus canciones ahora tiene un fuerte compromiso social. Este movimiento tiene mucha influencia en Latinoamérica. Entre los representantes más reconocidos están Silvio Rodríguez, Pablo Milanés y Noel Nicola.

"Preludio Girón" Silvio Rodríguez
https://youtu.be/wxhFgKLgaZY

El aire toma forma de tornado
Y en él van amarrados la muerte y el amor.
Una columna oscura se levanta
Y los niños se arrancan los juegos de un tirón.
Abuela tus tijeras son rurales
Y cortan otros males, pero este viento, no.
Guárdate tu oración, amigo viejo,
E invoca a peralejo, que nos viene mejor.

Nadie se va a morir, menos ahora que esta mujer sagrada inclina el ceño.
Nadie se va a morir, la vida toda, es un breve segundo de su sueño.
Nadie se va a morir, la vida toda es nuestro talismán, es nuestro manto.
Nadie se va a morir, menos ahora que el canto de la patria es nuestro canto.

Delante de la columna, al frente,
Donde ha viajado siempre la mira del fusil,
Que hable la fértil puntería,
Que esa garganta envía mi forma de vivir.
Con la muerte todas las cosas ciertas
Grabaron una puerta en el centro de abril.
Con la patria se ha dibujado
El nombre del alma de los hombres que no van a morir.

Nadie se va a morir, menos ahora...

Un poco de Historia: Cuba desde la Revolución hasta el presente

Cuba se independiza de España en 1898 con la ayuda de Estados Unidos. EE.UU. es el nuevo poder en la región y tiene una gran influencia y control importantes sobre Cuba y Puerto Rico.

A principios de los años 50 Cuba está bajo el control del dictador Fulgencio Batista. Fidel Castro, apoyado por EE.UU., aparece como la fuerza principal en oposición al gobierno de Batista y sube al poder en 1959.

Fidel Castro adopta la ideología comunista, porque considera que es lo mejor para sacar a Cuba de la pobreza y de la desigualdad económica. EE.UU. no tolera tener un país comunista a 80 millas de la Florida y apoya a un grupo de exiliados cubanos que invaden la "Bahía de los Cochinos", pero el intento fracasa.

Hay mucha tensión entre Cuba y los EE.UU. Es el periodo cumbre de la Guerra Fría entre EE.UU. y la Unión Soviética. Cuba tiene relaciones muy estrechas con los rusos y los americanos temen la influencia cubana en Latinoamérica. EE.UU. declara a Cuba un país "exportador de terrorismo".

Castro muere el 25 de noviembre de 2016, cuando la relación entre Cuba y EE.UU. comienza a mejorar. El Presidente Obama inicia esta apertura y durante su gobierno se abre una embajada en La Habana, se cuestiona el embargo y sale el primer vuelo comercial a Cuba.

Ejercicio 13: conversa con tu compañero. Hazle preguntas sobre el texto

1. ______________________________
2. ______________________________
3. ______________________________
4. ______________________________
5. ______________________________
6. ______________________________

Capítulo 5

Escribe sobre tu rutina diaria. ¡Usa las expresiones de frecuencia!

Puedes guiarte por estas preguntas:

1. ¿A qué hora te despiertas?
2. ¿Qué haces primero, te duchas o desayunas?
3. ¿Te lavas el pelo todos los días?
4. ¿Te maquillas o afeitas todas las mañanas?
5. ¿Te vistes rápido?
6. ¿Qué tomas de desayuno?
7. ¿A qué hora sales de casa?
8. ¿Cuántas veces al día te cepillas los dientes?
9. ¿A qué hora te acuestas?

____

____

____

____

____

____

____

____

Otros enlaces:

- José Martí http://video.pbs.org/video/2365053101/
- Alicia Alonso https://vimeo.com/65995368
- Arnaldo Tamayo https://youtu.be/pfY6ZpmWzMI
- About Cuba https://www.youtube.com/watch?v=-LjvjO2v_PM
- La nueva trova https://www.youtube.com/watch?v=vEHGEoCUpHQ
- Santería https://www.youtube.com/watch?v=bNhA2IsT9R4
- Che Guevara at the UN https://www.youtube.com/watch?v=-ekfej_kmHQ
- Fidel Castro https://www.youtube.com/watch?v=67ZWBl-66H8

Capítulo 5

VOCABULARIO

MASCULINO SINGULAR	MASCULINO SINGULAR	MASCULINO SINGULAR
el alfabetismo	el esclavo	el invitado
el alimento	el esfuerzo	el líder
el anonimato	el espacio	el modernismo
el arrecife	el espíritu	el objetivo
el bienestar	el estilo	el período
el campo	el exilio	el político
el cayo	el exiliado	el precursor
el cochino	el festival	el proceso
el cocodrilo	el festivo	el público
el conocimiento	el flamenco	el pueblo
el control	el ganador	el racionamiento
el coral	el grupo	el régimen
el cosmonauta	el honor	el sucesor
el dictador	el idealismo	el terrorismo
el embargo	el ideólogo	el vecino
el enriquecimiento	el intento	el verso

FEMENINO SINGULAR	FEMENINO SINGULAR	FEMENINO SINGULAR
la atención	la humanidad	la Navidad
la ayuda	la idea	la oposición
la bahía	la identidad	la orquídea
la celebración	la ideología	la oscuridad
la cifra	la inconsciencia	la pobreza
la colonia	la independencia	la plataforma
la consciencia	la industria	la presidencia
la creencia	la influencia	la producción
la danza	la inversión	la raíz
la desigualdad	la isla	la reafirmación
la distinción	la lucha	la realidad
la embajada	la luz	la región
la energía	la materia	la riqueza
la falsedad	la matrícula	la tasa
la fuerza	la mejora	la verdad
la guerra	la milla	la visión

Capítulo 5

Adjetivos

agrícola (s)
anual (es)
cinematográfico/a (s)
clásico/a (s)
comercial (es)
comunista (s)
deseado/a (s)
diplomático/a (s)
dualista (s)
espacial (es)
estratégico/a (s)
estrecho/a (s)
estricto/a (s)
independentista (s)
libre (s)
literario/a (s)
máximo/a (s)
nacional (es)
natural (es)
navideño/a (s)
revolucionario/a (s)
sanitario/a (s)
universitario/a (s)

Adverbios

perpetuamente

Ejercicio 14: escribe frases con las palabras nuevas del vocabulario

1. ______________________________
2. ______________________________
3. ______________________________
4. ______________________________
5. ______________________________
6. ______________________________
7. ______________________________
8. ______________________________
9. ______________________________
10. ______________________________

Capítulo 6

Chile

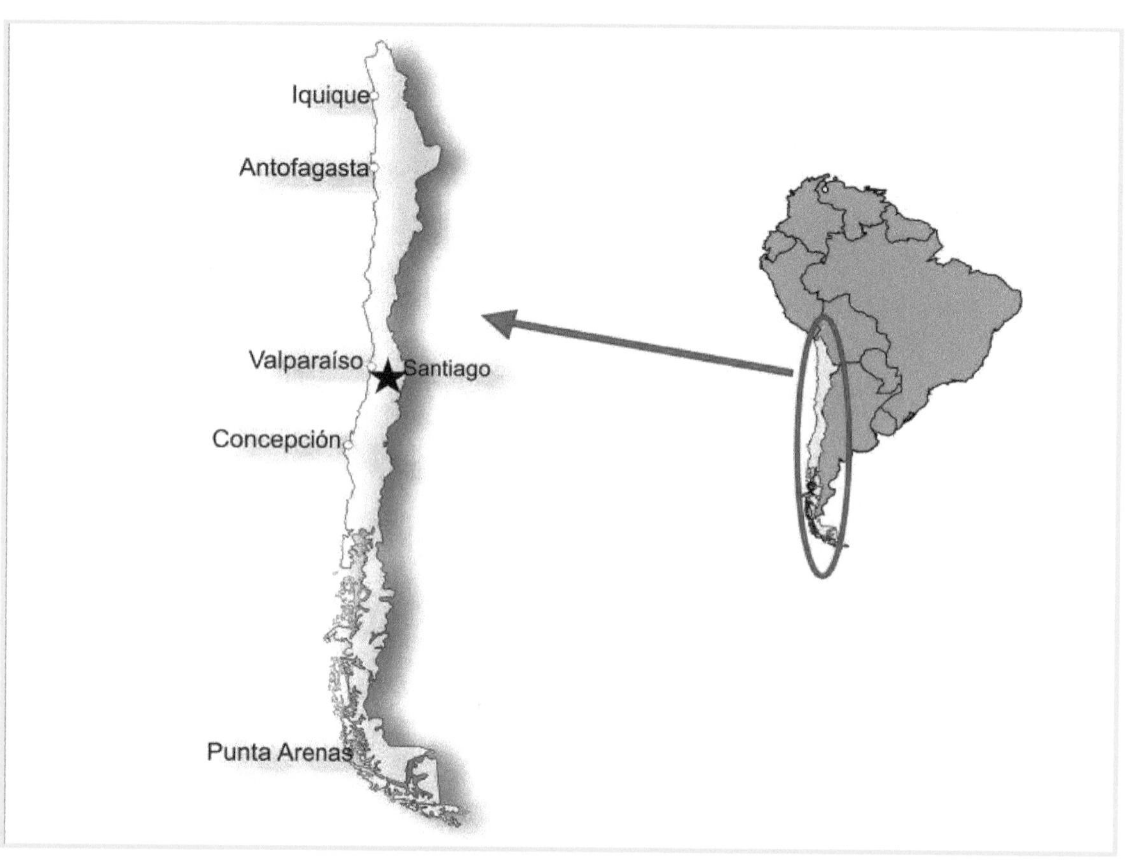

CHILE

Capital:	Santiago de Chile
Ciudades importantes:	Concepción, Valparaíso
Idioma oficial:	español
Moneda:	el peso chileno
Población:	17.8 millones
Clima:	templado en el centro y frio en el sur
Productos importantes:	el cobre, las uvas
Plato típico:	la empanada
Lugares turísticos:	los Andes, la isla de Pascua
Baile típico:	la cueca

Capítulo 6

Tengo mucho sueño

EXPRESIONES CON EL VERBO TENER

Tener hambre	= to be hungry	**Tener ganas de**	= to feel like
Tener sed	= to be thirsty	**Tener razón**	= to be right
Tener frío	= to be cold	**Tener suerte**	= to be lucky
Tener calor	= to be hot	**Tener éxito**	= to be successful
Tener sueño	= to be sleepy	**Tener la culpa**	= to be guilty
Tener dolor de	= to be sore, hurt	**Tener vergüenza**	= to be ashamed
Tener prisa	= to be rushed	**Tener en cuenta**	= to take into account
Tener celos	= to be jealous		
Tener miedo a/de	= to be afraid of	**Tener paciencia**	= to have patience

Ejercicio 1: conecta la frase con la expresión de TENER correcta

1. Tú __________ y por eso no discutimos más.	A. tienes prisa
2. Carlos _________ y no quiere que su novia vaya a bares.	B. tiene miedo
3. María _________ a la oscuridad y duerme con la luz.	C. tenemos hambre
4. Yo _tengo sed_ y por eso bebo un vaso de agua.	D. tienes razón
5. Vosotros _________ y habéis abierto la ventana.	E. tengo sed
6. Nosotros _tenemos hambre_ porque no hemos desayunado.	F. tiene celos
7. Tú __________ y por eso corres al autobús.	G. tenéis calor

Enlace 1: https://www.youtube.com/watch?v=Y9i-aBsYgWw
Expresiones con TENER (1)
Enlace 2: https://www.youtube.com/watch?v=KQsJPF6DswQ
Expresiones con TENER (2)
Enlace 3: https://www.youtube.com/watch?v=fUKL2Ny6-3g
Expresiones con TENER (3)

Capítulo 6

Ejercicio 2: elige la opción correcta

1. Para practicar alpinismo no hay que tener suerte / miedo a la altura.
2. El cliente siempre tiene hambre / razón.
3. Al planear un viaje hay que tener paciencia / en cuenta el clima.
4. ¿Tenéis calor / frío? ¿Queréis que abra la ventana?
5. Te espero 5 minutos porque tengo mucha prisa / sueño.
6. Algunos estudiantes tienen paciencia / vergüenza de hablar en español.
7. Después de caminar en este calor tengo mucha sed / hambre.
8. Si tienes dolor / sueño de cabeza, debes tomar una aspirina.
9. No he dormido bien anoche tengo hambre / sueño.
10. Estoy un poco cansada y no tengo suerte / ganas de estudiar ahora.

Ejercicio 3: escribe ocho oraciones usando diferentes expresiones con el verbo TENER

1. ____________________
2. ____________________
3. ____________________
4. ____________________
5. ____________________
6. ____________________
7. ____________________
8. ____________________

Ejercicio 4: en el texto siguiente subraya todas las expresiones con TENER. ¿Qué significan?

Capítulo 6

De viaje en Chile

14 estudiantes han viajado a Chile. Ellos han pasado tres semanas en el país. Los estudiantes han estado alojados en la capital, Santiago de Chile, en casas de familias. Las familias **los** han tratado con mucha amabilidad y han tenido en cuenta enseñar**les** todo respecto a su cultura y sus costumbres. Han paseado mucho por la ciudad y **la** han conocido de cabo a rabo. Hasta han tenido dolor de pies de todo lo que han caminado por Santiago. Pam ha tenido mucho miedo a pasar un terremoto en Santiago.

Durante la semana han asistido a la escuela para aprender español y cultura. Allí han estudiado diferentes temas sobre Chile y Suramérica. Al principio muchos han tenido un poco de vergüenza, pero pronto han hecho nuevos amigos con **los** que han practicado el español. Pierre ha dicho que los chilenos han tenido mucha paciencia con ellos.

Los fines de semana han visitado diferentes lugares turísticos y han visto muchas cosas interesantes. Han viajado en tren hasta la Región de los Lagos, en el sur de Chile. Allí han visitado Osorno y Puerto Montt. Hanne ha comentado que la naturaleza en el sur de Chile se parece mucho a **la** de Escandinavia, sobre todo a **la** de Noruega.

En otra ocasión han ido a Valparaíso. Allí han visitado el centro histórico y el puerto. También han conocido la casa de Pablo Neruda, **la** que lleva el nombre de "La Sebastiana". Luego han pasado el día en la playa de Viña del Mar donde han tenido mucho calor. El último fin de semana, han tenido la suerte de visitar un viñedo y aprender sobre la producción del vino chileno. También han ido a Valle Nevado, en la Cordillera de los Andes, aunque no han esquiado pues era verano.

Los estudiantes han tenido éxito en su viaje. Han vuelto a sus países y han dicho que **les** ha gustado mucho todo lo que han visto. Luego han escrito correos electrónicos a sus nuevos amigos. Ahora tienen ganas de volver a Chile.

Ejercicio 5: subraya todos los verbos en el texto. ¿Consideras que el texto está escrito en el presente o en el pasado?

EL PRETÉRITO PERFECTO

Present perfect tense is formed with the auxiliary verb "haber" and the past participle of the main verb. The past participle of –ar verbs ends in –**ado** and the past participle of –er and –ir verbs ends in –**ido**.

Pretérito perfecto – verbos regulares

	haber	+ participio	
yo	he	viaj**ado**	(AR → ado)
tú	has	cant**ado**	
él/ella/usted	ha	com**ido**	(ER → ido)
nosotros/nosotras	hemos	beb**ido**	
vosotros/vosotras	habéis	viv**ido**	(IR → ido)
ellos/ellas/ustedes	han	decid**ido**	

Ejercicio 6: escribe el participio de los verbos

visitar	visitado	subir	Subido
comprar	Comprado	mentir	mentido
recibir	recibido	comentar	Comentado
estar	Estados	pasear	paseado
tratar	Tratado	tener	tenedo
ir	ido	conocer	Conocedo
gustar	gustado	pasar	pasado
amar	amado	temer	temedo

Enlace 4: https://www.youtube.com/watch?v=03LZMSHieds
Pretérito perfecto

Capítulo 6

PRETÉRITO PERFECTO VERBOS IRREGULARES

There are some verbs that do not end in –**ado** or –**ido**, that is, their past participle is irregular.

Pretérito perfecto – verbos irregulares

	haber	+ participio
yo	**he**	roto (romper)
tú	**has**	escrito (escribir)
él/ella/usted	**ha**	vuelto (volver)
nosotros/nosotras	**hemos**	visto (ver)
vosotros/vosotras	**habéis**	muerto (morir)
ellos/ellas/ustedes	**han**	abierto (abrir)
		cubierto (cubrir)
		puesto (poner)
		hecho (hacer)
		dicho (decir)
		resuelto (resolver)

Ejercicio 7: completa los verbos irregulares en pretérito perfecto

1. La profesora ______________ (*decir*) que el examen es la próxima semana.
2. Yo ______________ (*escribir*) una carta a mis abuelos.
3. Mi padre ______________ (*volver*) del trabajo hace 5 minutos.
4. Ayer ______________ (*hacer*) un lindo día.
5. Hoy yo ______________ (*ponerse*) mi vestido nuevo.
6. Nosotros ______________ (*abrir*) nuestros libros en la página 50.
7. ¿Tú ______________ (*ver*) la última película de Jennifer López?
8. Mis hermanos ______________ (*romper*) la ventana.

Capítulo 6

Ejercicio 8: completa el verbo en pretérito perfecto

Ejemplo: Yo <u>he salido</u> a comer. (*salir*)

Mi hermana <u>se ha levantado</u> muy tarde hoy día. (*levantarse*)

1. Tú has salido (*salir*) a cenar anoche.
2. Yo me he comido (*comer*) arroz con pollo.
3. Anoche Luis y yo hemos visto (*ver*) tele hasta muy tarde.
4. Pablo ha probado (*probar*) todos los postres.
5. Yo me he dormido (*dormir*) muy mal.
6. Mi madre se ha levantado (*levantarse*) muy temprano esta mañana.
7. Nosotros hemos aprendemos (*aprender*) español este semestre.
8. Mi padre se he afeitado (*afeitarse*) por la tarde.
9. Nosotros hemos ~~conversamos~~ conversado (*conversar*) sobre política.
10. Yo me he desayunado (*desayunar*) en casa de mis padres.
11. Vosotros habréis estado (*estar*) muy alegres en la fiesta.
12. Yo me he viajado (*viajar*) a Perú en Navidad.
13. José y María han ido (*ir*) a México por las vacaciones.
14. ¿Vosotros habréis hecho (*hacer*) la tarea?
15. Yo el leero (*leer*) el nuevo libro de Isabel Allende.
16. A Ana y a Carmen han gustan (*gustar*) la película.
17. A mí me he gustado (*gustar*) mucho las gafas de tu tía.
18. Yo me he estudiado (*estudiar*) mucho este año.
19. Ustedes han trabajado (*trabajar*) muy bien este semestre.
20. Tú has escribido (*escribir*) un ensayo muy bonito.

Capítulo 6

Ejercicio 9: conversa con tu compañero

1. ¿Has desayunado esta mañana? ¿qué has comido?

   ____

2. ¿Has hecho tu cama esta mañana?

   ____

3. ¿Has ido de compras esta semana? ¿qué has comprado?

   ____

4. ¿Has leído el periódico hoy?

   ____

5. ¿Has visto la tele anoche? ¿qué programa?

   ____

6. ¿Has hablado por teléfono hoy? ¿con quién?

   ____

7. ¿Has roto algo en alguna ocasión? ¿qué?

   ____

8. ¿Has comido en algún restaurante este mes? ¿dónde?

   ____

9. ¿Has visto alguna película últimamente? ¿cuál?

   ____

10. ¿Has recibido un SMS hoy? ¿de quién?

    ____

11. ¿Has hecho tu tarea de español?

    ____

12. ¿Has llegado tarde a clase alguna vez? ¿cuándo?

    ____

Capítulo 6

PRONOMBRES DE OBJETO DIRECTO E INDIRECTO

OBJETO	PRONOMBRES OBJETO DIRECTO	PRONOMBRES OBJETO INDIRECTO
A mí	me	me
A ti	te	te
A él/ella/usted	lo/la	le
A nosotros/nosotras	nos	nos
A vosotros/vosotras	os	os
A ellos/ellas/ustedes	los/las	les

- The object pronouns replace the direct and indirect objects in a sentence.
- The direct object (DO) receives the verb action. The DO pronoun is used to replace the direct object in the sentence. The DO pronoun is generally placed before the verb.

  Ex. Pedro ha comprado **el libro**. (*el libro* = DO)
  Pedro **lo** ha comprado. (*lo* = DO pronoun)

- The indirect object (IO) indicates the person affected by the verb action. The IO pronoun is used to replace the indirect object in the sentence. The IO pronoun is generally placed before the verb.

  Ex. Pedro ha comprado el libro para **María**. (*María* = IO)
  Pedro **le** ha comprado el libro. (*le* = IO pronoun)

- When a sentence has both a direct and indirect object pronoun, the IO pronoun is placed before the DO pronoun, and both before the verb.

  Ex. Pablo ha roto **mis gafas**. (*yo* = IO, *gafas* = DO)
  Pablo **me las** ha roto. (*me* = IO pronoun, *las* = DO pronoun)

- When in a sentence both pronouns are third person, then the indirect object pronoun "le" and "les" become **se**.

  Ex. Pablo ha roto **las gafas** de **mi padre**.
  Pedro **se las** ha roto.

Capítulo 6

Ejercicio 10: transforma la frase usando un pronombre de OD

1. Veo *la televisión* por la noche. *La veo por la noche*
2. He puesto *los libros* encima de la mesa. ____________
3. Conozco *a tu madre*. ____________
4. Tú puedes llamar (*a mí*) a las cinco. ____________
5. Yo he abierto *la ventana*. ____________
6. ¿Habéis visitado *a vuestros abuelos*? ____________
7. He enviado *flores* a mi novia. ____________
8. ¿Nos trae *dos cervezas*? ____________
9. Podéis visitar (*a nosotros*) este lunes. ____________
10. ¿Has llevado *las cartas* al correo? ____________
11. Mercedes tiene *el diccionario*. ____________
12. Mi amigo trae *un sombrero*. ____________

Ejercicio 11: transforma la frase usando un pronombre de OI

1. ¿Has dado el regalo *a tu padre*? *¿Le has dado el regalo?*
2. Ana escribe todas las navidades (*a mí*). ____________
3. Yo hablo (*a ti*). ____________
4. Han dado la beca *a tu hermano*. ____________
5. Mis padres escriben una postal (*a mí*). ____________
6. Mañana pago el dinero (*a vosotros)*. ____________
7. He enviado flores *a mi novia*. ____________
8. ¿Trae dos cervezas *para nosotros*? ____________
9. Llevo un regalo *a mi prima*. ____________
10. He comprado un regalo *para ti*. ____________
11. Ana llama por teléfono (*a nosotros*). ____________
12. Tú explicas la lección (*a tus amigos*). ____________

Capítulo 6

Ejercicio 12: transforma la frase usando un pronombre de OD u OI

1. Compro el pan en la panadería. ______________________
2. Voy a preparar comida a mis hijos. ______________________
3. Pones los zapatos encima de la silla. ______________________
4. Veo las noticias todos los días. ______________________
5. Alguien ha robado el coche (a mí). ______________________
6. Los estudiantes hacen la tarea. ______________________
7. He pedido dinero a mi padre. ______________________
8. He encontrado tus gafas. ______________________
9. Cuelga el abrigo en el armario. ______________________
10. ¿Me pasas la sal? ______________________

Ejercicio 13: elige el OD u OI correcto

1. Lo he comprado en Target. ______________________
2. Te voy a comprar caramelos. ______________________
3. Las he puesto encima de la mesa. ______________________
4. Les conté todo sobre mi viaje. ______________________
5. Lo ha chocado por manejar muy rápido. ______________________
6. Los ha entregado al final de la clase. ______________________
7. Le he pedido permiso para ir a la fiesta. ______________________
8. La encontré en el cine. ______________________
9. Los he guardado en el armario. ______________________
10. ¿Me das la pelota? ______________________

los exámenes – a mi madre – el coche – a Ana – el regalo – las llaves – a mí – a mis abuelos – los zapatos – a ti

Capítulo 6

Ejercicio 14: completa la frase con el pronombre de OD u OI

1. ¿Tú has bebido la Coca Cola? ¿__*La*__ has bebido con tu almuerzo?
2. He comprado un regalo para mi tío. _______ he comprado un par de zapatos.
3. Yo he vendido mi bicicleta. ______ he vendido por 50 dólares.
4. Nosotros hemos comprado el pan. ______ hemos comprado en la panadería.
5. Ayer he visto a tu hermana. ______ he visto en la cafetería de la escuela.
6. ¿Tu hija ha escrito (a ti)? ¿______ ha escrito desde España?
7. ¿Vosotros queréis un chocolate caliente? ¿______ deseáis con o sin crema batida?
8. Pedro ha enviado un correo (a mí). ______ ha enviado por la mañana. ______ ha explicado que está enfermo.
9. Mi abuelo está leyendo el periódico. Yo ______ ______ he pedido para leerlo después.
10. Le he comprado unas gafas de sol a mi hijo, pero todavía no ______ ______ he dado.

Ejercicio 15: re-lee el texto "De viaje en Chile" y nota las palabras en negritas. Contesta si es pronombre de OD u OI y a qué o quién se refiere el pronombre

Enlace 5: https://youtu.be/hVXSusr9nTg
Pronombres de objeto directo
Enlace 6: https://youtu.be/PWilradvu6s?list=PLGiYaYqeBgLa_vlyuTHxGl80An3GMXspH
Pronombres de objeto indirecto

Capítulo 6

Lo que más me ha gustado de mi viaje a Chile

Ejercicio 16: completa los verbos en pretérito perfecto

PAM dice: A mí lo que más ________________ (*gustar*) es la capital de Chile. El centro de la ciudad es muy interesante. ______________ (*pasear*) por la Plaza de Armas y ______________ (*conocer*) el Palacio de la Moneda, la casa del presidente del país. A Sam ______________ (*gustar*) ir al Cerro Santa Lucía, porque tiene una vista linda de toda la ciudad.

PIERRE dice: A mí ________________ (*interesar*) mucho los viñedos. Los vinos chilenos están entre los mejores del mundo y tienen un pasado muy rico. Las uvas de vino _____________ (*crecer*) en Chile desde que llegan los conquistadores españoles en el siglo 16, pero los vinos chilenos se ______________ (*hacer*) famosos en el extranjero desde los años 80. Concha y Toro es el mayor productor de vino en América Latina y uno de los diez mayores productores del mundo.

HANNE dice: A mí _________________ (*encantar*) la Región de los Lagos. Los lagos son de origen glacial y en la zona se ven muchos montes y volcanes. Nosotros _______________ (*ver*) el Osorno. La capital de la región es Puerto Montt. Esta ciudad vive del cultivo del salmón, del comercio y del turismo. ________________ (*recorrer*) todo el mercado al aire libre que tiene maravillosos productos del mar. En uno de los puestos _________________ (*comer*) unos deliciosos mariscos.

STEFANO dice: ¡A mí, por supuesto, _________________ (*encantar*) las chilenas! ___________________ (*gustar*) mucho visitar Viña del Mar, porque ahí las _________________ (*ver*) en biquini. Visitar la casa de Neruda en Valparaíso ___________________ (*ser*) muy interesante. ___________________ (*leer*) todos sus poemas, desde que vi la película *Il Postino*.

Capítulo 6

Chilenos famosos

Gabriela Mistral es una poeta, diplomática y pedagoga chilena. El tema principal de sus poemas es el amor de mujer, de madre, a Dios, a la humanidad y a la naturaleza. Su poesía tiene rasgos del modernismo y del vanguardismo. Recibe el Premio Nobel de Literatura en 1945. Es la primera persona de habla hispana en recibir este premio.

Pablo Neruda es un poeta, político y diplomático chileno. Su poesía refleja su amor por Chile y América Latina, por España y por la humanidad en general. Las imágenes del mar y del continente americano están muy presentes en su obra. Su poesía evoluciona con el tiempo y pasa por múltiples etapas. Neruda es un autor muy fecundo y deja numerosos poemas románticos, surrealistas y poemas comprometidos con causas políticas. Neruda representa al partido comunista en el senado chileno, participa activamente en la campaña presidencial de Allende y luego representa al país como embajador en Francia. En 1971 gana el Premio Nobel de Literatura.

Isabel Allende es una escritora chilena. Su primera novela *La casa de los espíritus* (1982) se convierte en un *bestseller* en numerosos países de habla hispana y la consagra como una de las grandes escritoras hispanoamericanas. Desde entonces todas sus obras han estado marcadas por el éxito. Autora de superventas, la tirada total de sus libros alcanza 57 millones de ejemplares. Sus obras se han traducido a 35 idiomas. Es considerada la escritora viva de lengua española más leída en el mundo. Actualmente vive en California.

Dato curioso

La actriz **Coté de Pablo**, conocida por su rol de Ziva David en NCIS, nace en Santiago de Chile en 1979 y viene a vivir a EE.UU. cuando tiene 10 años.

Capítulo 6

Ejercicio 17: contesta si la frase es verdadera o falsa

	V	F
1. Gabriela Mistral es una escritora chilena.	____	____
2. El único tema de sus poemas es el amor a Dios.	____	____
3. Pablo Neruda es un poeta colombiano.	____	____
4. Neruda es el primer hispano en ganar el Nobel de Literatura.	____	____
5. La poesía de Neruda evoluciona mucho.	____	____
6. Neruda es del partido comunista.	____	____
7. La primera novela de Allende no tiene éxito.	____	____
8. Isabel Allende vive en Chile.	____	____

Música

Gracias a la vida es una popular canción de inspiración folclórica chilena compuesta e interpretada por **Violeta Parra**, una de las artistas que sienta las bases del movimiento artístico conocido como la Nueva Canción Chilena. La canción se publica poco antes de su suicidio en febrero de 1967.

"Gracias a la vida" Violeta Parra
https://www.youtube.com/watch?v=w67-hlaUSls

Gracias a la vida que me ha dado tanto
Me dio dos luceros que cuando los abro
Perfecto distingo lo negro del blanco
Y en el alto cielo su fondo estrellado
Y en las multitudes el hombre que yo amo.

Gracias a la vida que me ha dado tanto
Me ha dado el oído que en todo su ancho
Graba noche y día grillos y canarios
Martillos, turbinas, ladridos, chubascos
Y la voz tan tierna de mi bien amado.

Gracias a la vida que me ha dado tanto
Me ha dado el sonido y el abedecedario
Con él las palabras que pienso y declaro
Madre amigo hermano y luz alumbrando,
La ruta del alma del que estoy amando.

Gracias a la vida que me ha dado tanto
Me ha dado la marcha de mis pies cansados
Con ellos anduve ciudades y charcos,
Playas y desiertos montañas y llanos
Y la casa tuya, tu calle y tu patio.

Gracias a la vida que me ha dado tanto
Me dio el corazón que agita su marco
Cuando miro el fruto del cerebro humano,
Cuando miro al bueno tan lejos del malo,
Cuando miro al fondo de tus ojos claros.

Gracias a la vida que me ha dado tanto
Me ha dado la risa y me ha dado el llanto
Así yo distingo dicha de quebranto
Los dos materiales que forman mi canto
Y el canto de ustedes que es el mismo canto
Y el canto de todos que es mi propio canto.

Gracias a la vida que me ha dado tanto.

Un poco de Historia: el golpe de estado en Chile

En 1970 Salvador Allende es elegido presidente de Chile. Por primera vez en la historia un marxista llega al gobierno a través del voto. Allende inicia la tarea de llevar al país al socialismo por una vía democrática. Un acto muy significativo es que el parlamento aprueba la ley de la nacionalización de la gran minería del cobre. Sin embargo, el programa de gobierno despierta gran oposición dentro del país y a nivel internacional. Aún es la época de la Guerra Fría y el gobierno norteamericano decide ayudar a derrocar al gobierno chileno. Durante 1972 hay muchos paros y muchas protestas. A ello se añade la carestía de artículos de primera necesidad y los rumores de un golpe militar. Hay en la población una sensación colectiva de desgobierno. El 11 de septiembre de 1973, Allende es derrocado por un golpe de Estado encabezado por el general Augusto Pinochet. Allende resiste junto a sus más leales colaboradores en el Palacio de La Moneda y dirige sus últimas palabras al pueblo chileno momentos antes de que la casa de gobierno es bombardeada. Hay diferentes versiones de cómo muere Allende, la versión oficial dice que se suicida. Pinochet sube al poder y es el dictador de Chile los siguientes 17 años.

Ejercicio 18: conversa con tu compañero. Hazle 6 preguntas sobre el texto

1. ____
2. ____
3. ____
4. ____
5. ____
6. ____

Escribe: ¿qué has hecho ayer?

Puedes guiarte por estas preguntas:

1. ¿Has ido a la universidad? ¿cuántas clases has tenido?
2. ¿Has estado con amigos? ¿con quién? ¿qué han hecho juntos?
3. ¿A qué hora has llegado a casa?
4. ¿Qué has cenado? ¿con quién has cenado?
5. ¿Has visto la tele? ¿qué programa?

___

___

___

___

___

___

___

___

___

___

Otros enlaces:

- Chile https://www.youtube.com/watch?v=vpWEqFNEihE
- Chile https://www.youtube.com/watch?v=qfFQnFLdB5s
- El sur de Chile https://www.youtube.com/watch?v=5Npmto4dEQA
- Vinos chilenos https://www.youtube.com/watch?v=vqEBzw4hAjg
- Valparaíso and Viña del Mar https://www.youtube.com/watch?v=pVLGwXilJ6Y

Capítulo 6

VOCABULARIO

MASCULINO SINGULAR	MASCULINO SINGULAR	MASCULINO SINGULAR
el acto	el éxito	el productor
el aire	el extranjero	el programa
el amor	el golpe	el puerto
el artículo	el hambre	el puesto
el autor	el idioma	el rasgo
el barril	el mar	el rumor
el biquini	el marisco	el salmón
el celos	el marxista	el santo
el cerro	el miedo	el senado
el colaborador	el monte	el socialismo
el comercio	el mundo	el sueño
el conquistador	el nivel	el terremoto
el correo	el origen	el tren
el cultivo	el palacio	el turismo
el dios	el parlamento	el vanguardismo
el dolor	el paro	el vino
el estado	el pasado	el viñedo
el ejemplar	el principio	el voto
el embajador	el producto	

FEMENINO SINGULAR	FEMENINO SINGULAR	FEMENINO SINGULAR
la amabilidad	la moneda	la sencillez
el arma	la mujer	la sensación
la campaña	la naturaleza	la suerte
la canción	la necesidad	la tierra
la carestía	la ocasión	la tirada
la cordillera	la paciencia	la uva
la culpa	la pedagoga	la vergüenza
la etapa	la pobreza	la versión
la evolución	la política	la vía
la gana	la prisa	la viña
la imagen	la razón	la vista
la junta	la región	la zona
la lengua	la sed	

Capítulo 6

Adjetivos

colectivo/a (s)
constante (s)
delicioso/a (s)
democrático/a (s)
desesperado/a (s)
electrónico/a (s)
fecundo/a (s)
glacial (es)
hispano/a (s)
leal (es)
libre (s)
lindo/a (s)
marcado/a (s)
militar (es)
oficial (es)
popular (es)
presidencial (es)
romántico/a (s)
surrealista (s)
total (es)

Adverbios

entonces
pronto

Ejercicio 19: escribe frases con las palabras nuevas del vocabulario

1. ______________________________
2. ______________________________
3. ______________________________
4. ______________________________
5. ______________________________
6. ______________________________
7. ______________________________
8. ______________________________
9. ______________________________
10. ______________________________

Repaso capítulos 4, 5, 6

VERBOS AUXILIARES: elige la opción correcta

1. Pedro ________ pasar unos días con sus abuelos.
2. ¿(Yo) ________ usar tu chaqueta?
3. ¿(Tú) _________ ir al cine hoy?
4. Nosotros ________ ver una película en casa.
5. Tú y tu hermano _______ ir al dentista.
6. Ustedes _______ llenar estos formularios.

a. necesitáis
b. va a
c. preferimos
d. puedo
e. quieres
f. tienen que

EL CLIMA: elige la opción correcta

1. En invierno _____________.
2. En verano _____________.
3. En la selva tropical _____________.
4. En San Francisco ___________.
5. En primavera ___________.

a. hace calor
b. llueve mucho
c. hace viento
d. hace frío
e. hace buen tiempo

MUY VS. MUCHO: completa con la opción correcta

1. Mi prima es ____________ alta.
2. Tengo que estudiar _____________.
3. Llueve ______________.
4. Tus amigos son ___________ bromistas.
5. Hay ___________ gente en Nueva York.
6. Hay ___________ estudiantes en la universidad.

VERBOS REFLEXIVOS: conjuga el verbo

1. ¿Cómo (tú) _________________? (llamarse)
2. Yo ___________________ a las siete y media. (levantarse)
3. Lorena siempre _______________ muy elegante. (vestirse)
4. Vosotros ________________ el cabello antes de salir. (peinarse)
5. Los colombianos _________________ mucho en las fiestas. (divertirse)
6. Yo ________________ a las once. (acostarse)
7. ¿Tú _________________ en la ópera? (aburrirse)
8. Nosotros ______________ los dientes después de las comidas. (cepillarse)

Repaso capítulos 4, 5, 6

ADJETIVOS DEMOSTRATIVOS: elige la opción correcta

1. ____________ falda es muy corta.
2. ____________ sandalias tienen un tacón muy alto.
3. ____________ zapatos son muy caros.
4. ____________ vestido es de seda.

a. este
b. esta
c. estos
d. estas

SABER VS. CONOCER: completa con el verbo correcto

1. Yo no ______________ tu número de celular.
2. ¿Tú ______________ a mi madre?
3. ¿Vosotras ______________ hablar italiano?
4. Nosotros ______________ Cuba.
5. ¿María ______________ tu casa?
6. ¿Usted ______________ a qué hora empieza la película?

PREGUNTAR VS. PEDIR: completa con el verbo correcto

1. Voy a ______________ prestado el dinero a mis abuelos.
2. Vamos a ________________ a qué hora cierran el supermercado.
3. Los niños siempre ________________ golosinas.
4. Mi hermana ___________________ a qué hora empieza el espectáculo.
5. ¿Tú les vas a ___________________ prestado el auto a tus padres?
6. La profesora ___________________ a los estudiantes si han hecho la tarea.

EXPRESIONES CON TENER: elige la opción correcta

1. Comen rápido porque __________.
2. Muchos niños ____________ de la oscuridad.
3. No juego al póker porque nunca ___________.
4. No quiero comer ahora porque todavía no _________.
5. Nos vamos a poner un suéter porque _________.
6. Prendieron el aire acondicionado porque _________.
7. Vais a tomar un poco de agua porque __________.
8. Vamos a dormir ahora porque __________.

a. tenemos frío
b. tengo suerte
c. tenéis sed
d. tienen miedo
e. tienen prisa
f. tienen calor
g. tenemos sueño
h. tengo hambre

Repaso capítulos 4, 5, 6

PRETÉRITO PERFECTO: conjuga el verbo

1. Nosotros ________________ al ajedrez. (jugar)
2. Mis padres ________________ de su viaje. (volver)
3. ¿Qué nota (tú) ________________ en el examen? (sacar)
4. ¿(Vosotros) ________________ las manos? (lavarse)
5. La profesora ________________ que no hay examen. (decir)
6. ¿Ya (vosotros) ________________? (comer)
7. Los chicos ________________ el partido. (terminar)
8. Esta mañana yo no ________________ mi cama. (hacer)
9. Esta mañana nosotros no ________________. (desayunar)
10. Todavía yo no ________________ el periódico. (leer)
11. ¿Ya ________________ al dentista? (ir)
12. ¿Tú ________________ muy temprano hoy? (levantarse)

PRONOMBRES DE OJETO DIRECTO E INDIRECTO: completa el texto con el pronombre correcto

1. He escrito una carta a Marta. _______ he escrito una carta larga.
2. ¿Has recibido la postal de tus abuelos? Sí, _______ he recibido.
3. ¿Vosotros habéis comido las uvas? Sí, _______ hemos comido.
4. Yo te he dado 40 dólares. Te _______ he dado ayer.
5. Nosotros ya hemos pagado la cuenta. _______ hemos pagado hace un momento.
6. Los niños han pedido helados al camarero. _______ han pedido helado de chocolate.
7. Micaela ha comprado un regalo a su mamá. _______ ha comprado un bolso.
8. Rosario ha vendido sus libros. _______ ha vendido por $25 dólares.
9. Yo quiero a mis padres. Yo _______ quiero mucho.
10. Le he leído un libro a mi hermana. _______ _______ he leído anoche.

Repaso capítulos 4, 5, 6

VOCABULARIO: completa el crucigrama

Horizontal:

1. Antónimo de paz
2. Antónimo de cerca
3. Antónimo de últimos
4. Antónimo de también
5. Antónimo de diferente
6. Antónimo de pequeño
7. Antónimo de aburrido
8. Significa "you plural" en inglés
9. Antónimo de bueno
10. Antónimo de moreno

Vertical:

1. Antónimo de delgado
2. Antónimo de pobreza
3. Antónimo de bajo
4. Antónimo de largo
5. Antónimo de antes
6. Antónimo de perder
7. Antónimo de claro
8. Antónimo de frío
9. Antónimo de cerrado
10. Antónimo de nunca
11. Antónimo de viejo
12. Antónimo de mucho

Capítulo 7

Costa Rica y la biodiversidad

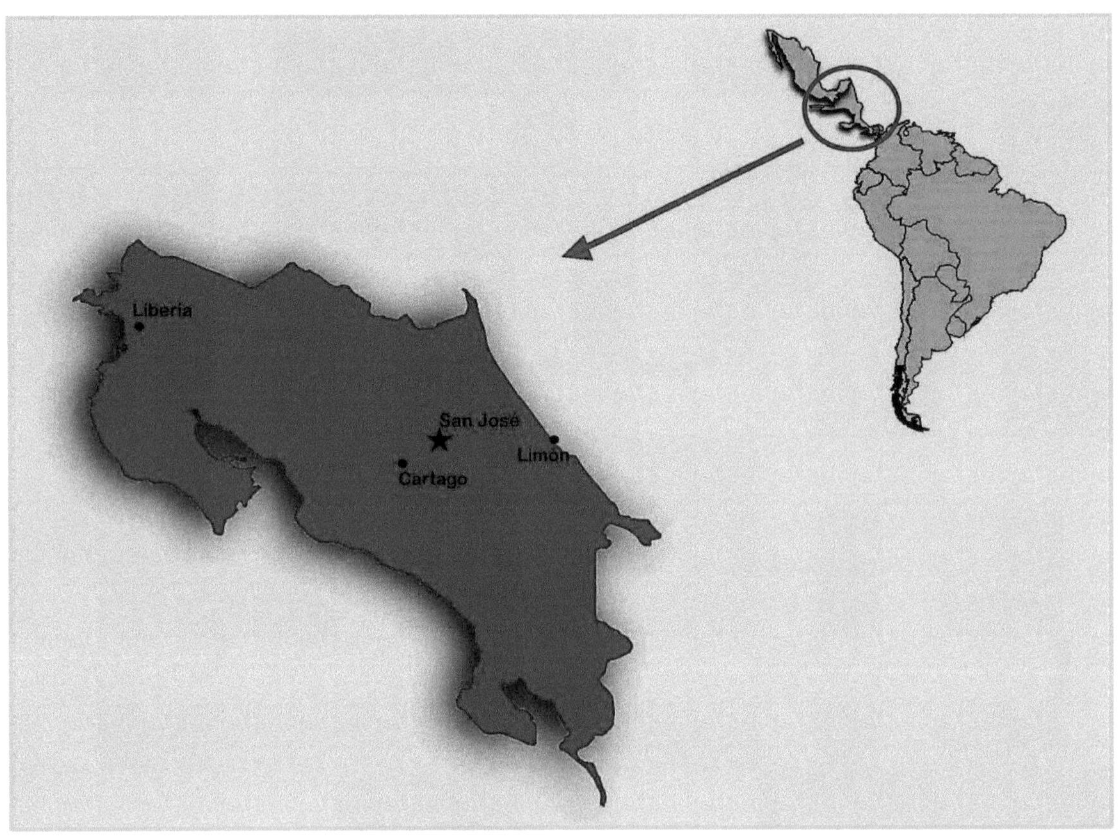

COSTA RICA

Capital:	San José
Idioma oficial:	español
Moneda:	el colón
Ciudades importantes:	Alajuela, Cartago, Heredia
Población:	4.6 millones
Clima:	tropical
Productos importantes:	el café, el banano
Plato típico:	gallo pinto
Lugares turísticos:	Volcán Arenal, Puerto Viejo
Música típica:	punto guanacasteco

Capítulo 7

La biodiversidad

El Diccionario de la Real Academia Española (DRAE) define la biodiversidad como la variedad de especies animales y vegetales en su medio ambiente. Es decir, el término biodiversidad se refiere a la cantidad de especies animales y vegetales que viven en un lugar determinado.

Costa Rica es un país que se caracteriza por su importante biodiversidad. Al estar situada entre América del Norte y América del Sur, Costa Rica es atravesada por plantas y animales que se establecen en esa zona centroamericana. La gran energía solar que recibe, los diferentes tipos de suelos que tiene y sus montañas facilitan múltiples microclimas a los que se adaptan diversos tipos de plantas y animales.

En Costa Rica conviven más de medio millón de especies, que representan el 4% de las especies existentes en el mundo. Hay cerca de 360.000 diferentes especies de insectos. Después de los insectos, los grupos más numerosos son los hongos, las bacterias y otros invertebrados y los crustáceos (camarones, langostas y cangrejos).

El Ministerio del Ambiente y Energía (MINAE) administra esta gran riqueza biológica. El Sistema Nacional de Áreas de Conservación (SINAC) conserva la biodiversidad del país. El 25% del territorio costarricense está protegido de alguna manera. Las comunidades próximas a las áreas protegidas participan activamente en su conservación.

El apoyo privado contribuye a la creación de reservas dedicadas a la investigación y al ecoturismo (turismo que se dedica al contacto con la naturaleza). En los últimos años hay una gran importancia en el turismo ecológico, la pesca, la flora medicinal, la bioprospección (estudio de la naturaleza dedicado a encontrar organismos y sustancias beneficiosos para el ser humano) y el pago de servicios ambientales.

Capítulo 7

Tanto las organizaciones públicas como las privadas desarrollan programas de educación y conciencia pública para poder contribuir a un cambio de actitud hacia la naturaleza en la sociedad.

Ejercicio: contesta las siguientes preguntas sobre el texto leído

1. ¿Qué es la biodiversidad?

____

____

2. ¿Qué elementos caracterizan la biodiversidad costarricense?

____

____

3. ¿Qué especies son las más abundantes en Costa Rica?

____

____

4. ¿Qué porcentaje del territorio costarricense está protegido?

____

____

5. ¿Qué es la bioprospección?

____

____

6. ¿Por qué se educa a los ciudadanos sobre biodiversidad?

____

____

7. ¿Qué es el ecoturismo o turismo ecológico?

____

____

Composición escrita: Mira atentamente el video *A CINEMATIC TRIBUTE TO COSTA RICA'S BIODIVERSITY POLICY* y escribe una composición sobre él de 120 palabras aproximadamente, incluyendo un título en español.

Enlaces:

- A cinematic tribute to Costa Rica's biodiversity policy https://www.youtube.com/watch?v=HYH1yeWrCCo
- Biodiversidad Costa Rica https://www.youtube.com/watch?v=MPb3N98EaPY

Capítulo 7

Comprensión auditiva: Escucha con atención el texto BIODIVERSIDAD EN COSTA RICA que tu profesor o profesora te va a leer y contesta las siguientes preguntas utilizando frases completas.

1. ¿Con qué mar limita Costa Rica hacia el este?

____

2. ¿Qué porcentaje del territorio costarricense está protegido?

____

3. ¿Qué parte del territorio de Costa Rica está cubierto por bosques?

____

4. ¿Cuántos tipos de orquídeas hay en Costa Rica?

____

5. ¿Cuáles son más numerosas las especies de mamíferos o las especies de aves?

____

Dictado: Escucha atentamente a tu profesor o profesora y escribe el siguiente dictado sobre la Biodiversidad

____

____

____

____

____

____

____

____

____

Capítulo 7

PARA EL PROFESOR...

COMPRESIÓN AUDITIVA: Biodiversidad en Costa Rica

Costa Rica está localizada al sur de Centroamérica, entre la línea ecuatorial y el Trópico de Cáncer. Su capital es San José. Al norte tiene frontera con Nicaragua y al sur con Panamá. Al oeste limita con el Océano Pacífico y al este limita con el Mar Caribe. El territorio de Costa Rica tiene una extensión de 51,100 Km^2.

Costa Rica es uno de los países con mayor diversidad de especies. Cerca de un 25% de su territorio está protegido. El país tiene muchísimos bosques, estos cubren una tercera parte del territorio. Costa Rica tiene una rica flora con más de 12,000 especies de plantas, entre ellas más de 1,300 tipos de orquídeas y 2,000 especies de árboles.

Este país también tiene una variada fauna. En Costa Rica hay más de 230 especies de mamíferos, 850 especies de aves, 180 especies de anfibios, 200 especies de reptiles y más de 150 especies de peces de agua dulce.

DICTADO: La biodiversidad

La biodiversidad garantiza el equilibrio de los ecosistemas en todo el mundo, y la especie humana depende de la biodiversidad para sobrevivir. Irónicamente, la principal amenaza para la biodiversidad es el ser humano. Debido a la deforestación, los incendios forestales y los cambios en el clima el ecosistema está en peligro. Por ello muchas especies se han extinguido, algunas incluso antes de haber sido estudiadas. En los últimos años se están tomando medidas para tratar de preservar los ecosistemas.

Capítulo 8

Guatemala

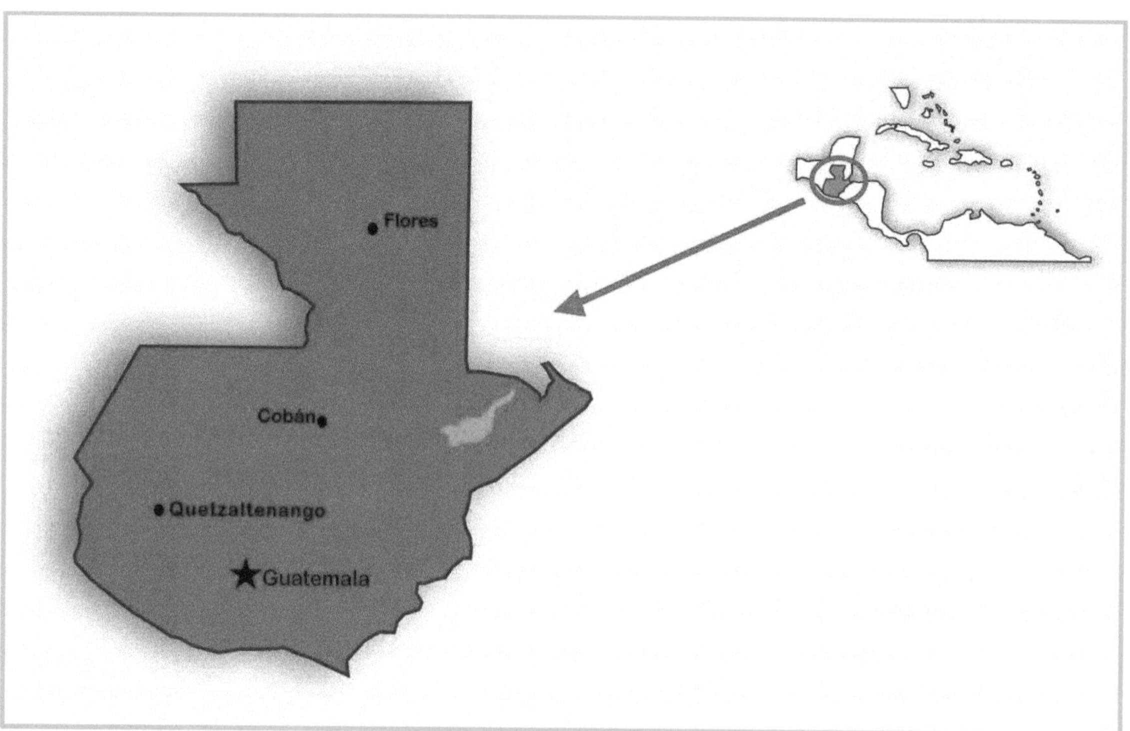

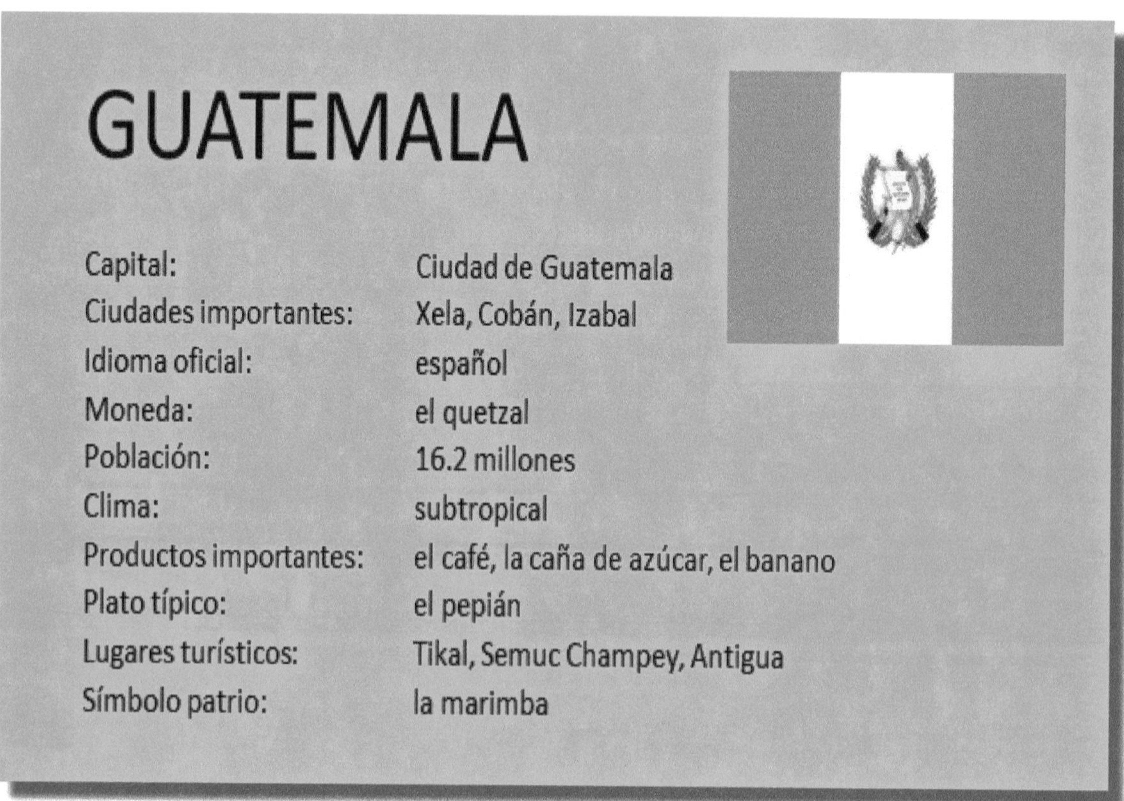

Capítulo 8

Guatemala

Ejercicio 1: completa el texto con la forma correcta del verbo SER, ESTAR o HABER

Guatemala __________ un país de Centro América y __________ ubicado al sur de México, al oeste de Belice y al noroeste de Honduras y El Salvador. Guatemala tiene costas en el mar Caribe y en el Océano Pacífico. Su capital __________ la Ciudad de Guatemala. La capital __________ localizada en el centro del país. En Guatemala __________ 16.2 millones de habitantes. __________ el país más poblado de Centro América.

Guatemala __________ un país con muchos indígenas. El 50% de la población __________ indígena, la mayoría descendiente de los mayas. El español __________ la lengua oficial, pero Guatemala __________ un país multilingüe. En Guatemala __________ 23 lenguas nativas, 21 de ellas __________ idiomas mayas, además del garífuna y el xinca.

Los indígenas guatemaltecos __________ pobres y muchos viven en el campo y trabajan en los grandes latifundios de plátanos o de café. Muchos van a la capital en busca de mejores condiciones de vida. La mortalidad infantil __________ una de las más altas de América Latina y el analfabetismo __________ también muy alto.

La cultura maya __________ una cultura muy antigua, tiene más de 4000 años. __________ muchas ruinas mayas en el norte de Guatemala con majestuosos templos y pirámides.

Ejercicio 2: conversa con tu compañero. Hazle 6 preguntas sobre el texto

1. ______________________________
2. ______________________________
3. ______________________________
4. ______________________________
5. ______________________________
6. ______________________________

Capítulo 8

¿Qué estás haciendo?

Capítulo 8

EL PROGRESIVO

The progressive tense is used to say something that is happening as we are speaking. Also, to point out an action that is still in progress.

Ex. ¿Qué estás haciendo (*ahora*)? Estoy leyendo la gramática.
Poco a poco estamos hablando más español.

The progressive tense is formed with the auxiliary verb "estar" and the gerund of the main verb. The gerund of –ar verbs ends in **–ando** and the gerund of –er and –ir verbs ends in **–iendo**.

El progresivo			
	estar	+ gerundio	
yo	**estoy**	viaj**ando**	(AR → ando)
tú	**estás**	cantando	
él/ella/usted	**está**	com**iendo**	(ER → iendo)
nosotros/nosotras	**estamos**	bebiendo	
vosotros/vosotras	**estáis**	viviendo	(IR → iendo)
ellos/ellas/ustedes	**están**	sub**iendo**	

Ejercicio 3: escribe el gerundio de los verbos

visitar	______________	subir	______________
comprar	______________	ver	______________
recibir	______________	comentar	______________
estar	______________	pasear	______________
saber	______________	tener	______________
decidir	______________	conocer	______________
gustar	______________	pasar	______________
escribir	______________	poner	______________

EL PROGRESIVO CON GERUNDIOS IRREGULARES

There are some verbs that have an irregularity in the gerund form.

- If the stem of –er or –ir verbs ends in a vowel, then –iendo changes to **–yendo**

caer	→	cayendo
construir	→	construyendo
huir	→	huyendo
ir	→	yendo
leer	→	leyendo
oír	→	oyendo
sustituir	→	sustituyendo

- Vocal shift from E → I

d**e**cir	→	d**i**ciendo
div**e**rtir	→	div**i**rtiendo
el**e**gir	→	el**i**giendo
m**e**ntir	→	m**i**ntiendo
p**e**dir	→	p**i**diendo
r**e**ír	→	r**i**endo
rep**e**tir	→	rep**i**tiendo
s**e**guir	→	s**i**guiendo
s**e**ntir	→	s**i**ntiendo
v**e**nir	→	v**i**niendo
v**e**stir	→	v**i**stiendo

- Vocal shift from O → U

d**o**rmir	→	d**u**rmiendo
m**o**rir	→	m**u**riendo

Enlace 1: https://youtu.be/wSIle-foQX8
El progresivo

Capítulo 8

Ejercicio 4: ¿Qué están haciendo?

Capítulo 8

Ejercicio 5: observa la información de tu tabla, elige el verbo correcto y conjúgalo en el PROGRESIVO. Sigue el ejemplo. Compara tus oraciones con las de tu compañero.

ESTUDIANTE A

Mis padres <u>están viajando</u>	probarse	*a Madrid.*
Mis amigos ...	beber	en el karaoke.
Yo ...	cantar	Coca Cola.
Yo ...	~~*viajar*~~	en la cafetería
Mi hermana ...	estudiar	a su bebé
Mi primo ...	ver	para la prueba.
Tú ...	bañar	español.
Ana y yo ...	hacer	mucha ropa.
Nosotros ...	trabajar	la tarea español.
Pepe y tú ...	practicar	la televisión.

ESTUDIANTE B

Mis padres <u>están comiendo</u>	aprender	*una pizza napolitana.*
Mis amigos ...	hablar	a España hoy.
Yo ...	viajar	español.
Yo ...	escuchar	el abrigo.
Mi hermana ...	ponerse	una revista de moda.
Mi primo ...	leer	música.
Tú ...	~~*comer*~~	la lección.
Ana y yo ...	bailar	una paella muy rica.
Nosotros ...	entrenar	salsa.
Pepe y tú ...	cocinar	en el gimnasio.

Capítulo 8

Ejercicio 6: completa el verbo en la forma progresiva

Ejemplos: ¿Qué estás haciendo? (hacer, yo)
Estoy poniendo la mesa. (poner, yo)

Mamá: Primero, ________________________ el mantel. (colocar, yo)

Hija: ¿Y ahora?

Mamá: Ahora ________________________ los platos alrededor de la mesa. (distribuir, yo)

Hija: ¿Y ahora?

Mamá: Bueno, ahora ________________________ los cubiertos. La cuchara y el cuchillo a la derecha del plato y el tenedor a la izquierda. (situar, yo)

Hija: ¡Mira mamá, te ____________________________ a poner los vasos en cada lugar! (ayudar, yo)

Mamá: ¡Qué bien! Y yo ____________________________ las servilletas a la izquierda de cada plato. (poner)

Hija: Nosotras ____________________________ un buen trabajo. (hacer)

Mamá: Sí hija, un trabajo buenísimo.

Ejercicio 7: ¿Qué significa "buenísimo"? Busca palabras que terminen en "ísimo" o "ísima" en el primer texto de este capítulo, ¿cuándo se usan estas terminaciones?

Capítulo 8

Ejercicio 8: completa la frase con la opción correcta

1. Para limpiarme la boca utilizo …	a. vasos.
2. Vosotros bebéis agua en …	b. una cuchara.
3. Ellos toman vino en …	c. un mantel.
4. Tú cortas la carne con …	d. una servilleta.
5. Marisa toma sopa con …	e. los platos.
6. Yo tomo mi café en …	f. un tenedor.
7. Nosotros ponemos la comida en …	g. una taza.
8. Para cubrir la mesa utilizamos …	h. un cuchillo.
9. Yo como la ensalada con …	i. copas.

Ejercicio 9: conversa con tu compañero

1. ¿Quién es el estudiante más alto de la clase?

   ____

2. ¿Quién es la estudiante más alta de la clase?

   ____

3. ¿Quién es el estudiante más bajo de la clase?

   ____

4. ¿Quién es la estudiante más baja de la clase?

   ____

Según tus respuestas completa con los nombres de los estudiantes

____________ es altísimo y ____________ es bajísimo.

____________ es altísima y ____________ es bajísima.

El mundo hispano en superlativo

El Aconcagua es la montaña **más alta de** América.

Atacama es el desierto **más seco del** planeta.

Arenal es uno de los volcanes **más activos del** mundo.

Ciudad de México es la ciudad **más poblada de** América.

El lago Titicaca es el lago navegable **más alto del** mundo.

El Amazonas es el río **más caudaloso del** mundo.

EL SUPERLATIVO

- Superlatives ending in **–ísimo**: To express the idea of extremely, add the ending –ísimo(s) or –ísima(s) to the adjective.

    Ex. Mario es **altísimo**.
    Fernanda es **bajísima**.

Irregular superlatives:

agrada**ble**	→ agradabilísimo	lar**go**	→ larguísimo
ama**ble**	→ amabilísimo	amar**go**	→ amarguísimo
nota**ble**	→ notabilísimo	antiguo	→ antiquísimo
cómi**co**	→ comiquísimo	feli**z**	→ felicísimo
blan**co**	→ blanquísimo	caliente	→ calentísimo
fres**co**	→ fresquísimo		

- Superlatives of superiority: **el/la más + adj. + de**

    Ex. Mario es **el más** alto **de** la clase.

- Superlatives of inferiority: **el/la menos + adj. + de**

    Ex. Fernanda es **la menos** alta **de** la clase.

SUPERLATIVOS IRREGULARES

ADJETIVO	SUPERLATIVO
bueno	mejor
malo	peor
grande	mayor
pequeño	menor

Ejercicio 10: observa la información de tu tabla, elige el adjetivo más adecuado y construye frases en SUPERLATIVO. Sigue el ejemplo. Compara tus oraciones con las de tu compañero.

ESTUDIANTE A

El Metropolitan es el museo <u>más visitado</u>	rico	*<u>de Nueva York.</u>*
La Quinta Avenida es la calle …	~~visitado~~	
El Parque Central es el parque …	famoso	
Marilyn Monroe es la actriz …	popular	
Bill Gates es el hombre …	bonito	
LeBron James es el basquetbolista …	largo	
Alaska es el estado …	grande	
El Misisipi es el río …	alto	
Tokio es la ciudad …	conocido	
El Everest es la montaña …	poblado	
		de Nueva York. de Estados Unidos. del mundo.

ESTUDIANTE B

El Metropolitan es el museo <u>más completo</u>	visitado	*<u>de Nueva York.</u>*
La Quinta Avenida es la calle …	famoso	
El Parque Central es el parque …	~~completo~~	
Marilyn Monroe es la actriz …	conocido	
LeBron James es el basquetbolista …	grande	
Elvis Presley es el cantante …	alto	
McKinley es la montaña …	pequeño	
El Superior es el lago …	mejor pagado	
Rhode Island es el estado …	poblado	
China es el país …	popular	
		de Nueva York. de Estados Unidos. del mundo.

TIKAL

Un poco de historia: La cultura maya

Ejercicio 11: conjuga los verbos en presente

La cultura maya _____________ (*tener*) más de 4000 años y aproximadamente hace 1000 años se da su apogeo. En ese entonces su territorio es muy amplio y ______________ (*extenderse*) desde la Península del Yucatán hasta el norte de Honduras.

Los mayas __________ (*tener*) un intenso comercio. Desde el norte ___________ (*llegar*) pieles, algodón, cacao y tabaco. Del sur ______________ (*provenir*) el jade y las codiciadas plumas de quetzal.

Durante sus días de gloria, los mayas _____________ (*lograr*) muchos avances en la astronomía, las matemáticas, el arte y la arquitectura. Al norte de Guatemala ________________ (*encontrarse*) varios grandes templos de ese período.

Los mayas tienen un deporte ritual llamado "el juego de pelota". Los jugadores ___________ (*deber*) pasar la pelota por un aro sin tocarla con las manos. Ganar _____ (*ser*) un honor y se cree que a los ganadores los _____________ (*sacrificar*).

Hoy en día los mayas ______________ (*vivir*) en México y Guatemala. Muchos de ellos __________ (*estar*) incorporados a la sociedad moderna, pero ___________ (*conservar*) mucho de su cultura y tradiciones.

Ejercicio 12: conversa con tu compañero. Hazle 5 preguntas sobre el texto

1. ____
2. ____
3. ____
4. ____
5. ____

Guatemala en superlativo

Ejercicio 13: conversa con tu compañero. Hazle preguntas sobre la información que falta en tu cuadro:

¿Cuál es *el país más eco diverso de Centro América*? Guatemala.
¿Qué es *Guatemala*? El país más eco diverso de Centro América.

Estudiante A

¿Cuál?		¿Qué?
Guatemala	*el país*	*más eco diverso de Centro América.*
	la ciudad	más poblada de Guatemala.
Usumacinta	el río	más largo de América Central.
Pacaya	el volcán	
Izabal	el lago	
Tajumulco	el volcán	más alto de Centro América.
	el lago	más profundo de Guatemala.
Chicabal	la laguna	más alta de Guatemala.

Estudiante B

¿Cuál?		¿Qué?
Guatemala	*el país*	*más eco diverso de Centro América.*
Ciudad de Guatemala	la ciudad	más poblada de Guatemala.
	el río	más largo de América Central.
Pacaya	el volcán	más activo de Guatemala.
Izabal	el lago	más grande de Guatemala.
Tajumulco	el volcán	
Atitlán	el lago	más profundo de Guatemala.
Chicabal	la laguna	

Capítulo 8

Rigoberta Menchú

Ejercicio 14: conjuga los verbos en presente

Rigoberta Menchú ____________ (*ser*) una líder indígena maya-quiché, importante activista de los derechos humanos de Guatemala.

Su vida ____________ (*estar*) marcada por la pobreza, la discriminación racial y la violenta represión del campesino. Muchos miembros de su familia ____________ (*ser*) torturados y asesinados por los militares o por la policía. Su padre ____________ (*morir*) en un acto de protesta, cuando él y un grupo de campesinos ____________ (*tomar*) la embajada de España. La policía ____________ (*incendiar*) el local y ____________ (*quemar*) vivos a todos. Sus hermanos ______________ (*optar*) unirse a la guerrilla

Menchú ____________ (*iniciar*) una campaña pacífica de denuncia del régimen guatemalteco. Ella ____________ (*exiliarse*) en México, donde ____________ (*publicar*) su autobiografía en 1983. ____________ (*viajar*) por el mundo con su mensaje y ___________ (*hablar*) en las Naciones Unidas. En 1988 ______________ (*regresar*) a Guatemala para continuar denunciando las injusticias. En 1992 ____________ (*ganar*) el Premio Nobel de la Paz.

Ejercicio 15: conversa con tu compañero. Hazle 6 preguntas sobre el texto

1. ____
2. ____
3. ____
4. ____
5. ____
6. ____

Capítulo 8

Guatemaltecos famosos

Miguel Ángel Asturias es un escritor y diplomático guatemalteco que gana el Premio Nobel de Literatura en 1967. Recibe una gran influencia de la cultura maya y del surrealismo europeo y es considerado el precursor del *boom* latinoamericano. Escribe poesía, teatro, novelas y cuentos. Sus temas principales son la dictadura, el mundo indígena y las tradiciones de Guatemala. Sus principales obras son: *Leyendas de Guatemala*, una colección de cuentos y leyendas de Guatemala, *El Señor Presidente*, en la que caricaturiza la figura de un cruel dictador y *Hombres de maíz* en la que aparece "el realismo mágico" y representa el enfrentamiento entre los indígenas guatemaltecos y los colonizadores que les quieren quitar sus tierras.

Jaime Viñals es un alpinista guatemalteco que ha sido el primer centroamericano en escalar al Monte Everest y también el único centroamericano que ha alcanzado las Siete Cumbres, las montañas más altas de los siete continentes, entre las que destacan el Aconcagua en Argentina y el Kilimanjaro en Tanzania. Ha alcanzado también las cimas más altas de las siete islas más grandes del planeta. Ha recibido la "Orden del Quetzal", la mayor condecoración otorgada por el Presidente de Guatemala, ha escrito libros y ha producido videos documentales.

Dato curioso

La antigua cultura maya tiene escritura y posee una "biblia", llamada el **Popol Vuh**. Es el libro sagrado de la cultura maya-quiché y está formado por cuatro partes donde se explica el origen del mundo y la historia de los reyes y pueblos de la región. No se conoce al autor original, pero un fraile español, Fray Francisco Ximénez, decide traducirlo. Su versión está estructurada en 2 columnas, en una aparece la versión quiché y en la otra la traducción de Ximénez al español.

Capítulo 8

Ejercicio 16: contesta si la frase es verdadera o falsa

		V	F
1.	Miguel Ángel Asturias es un escritor boliviano.	____	____
2.	Asturias nunca gana el Premio Nobel de Literatura.	____	____
3.	La cultura maya influencia a Asturias.	____	____
4.	Uno de los temas de Asturias es el amor.	____	____
5.	Jaime Viñals es un alpinista guatemalteco.	____	____
6.	Viñals nunca ha escalado el Everest.	____	____
7.	Viñals ha escalado montañas en todos los continentes.	____	____
8.	El Popol Vuh es el libro sagrado maya.	____	____
9.	El Popol Vuh refiere el origen del mundo.	____	____

Música

Ricardo Arjona es un cantautor guatemalteco. Ha sido un jugador de baloncesto y también maestro de escuela. Arjona es uno de los artistas latinoamericanos más exitosos de todos los tiempos, con más de 20 millones de álbumes vendidos.

Ejercicio 17: completa los verbos en el texto

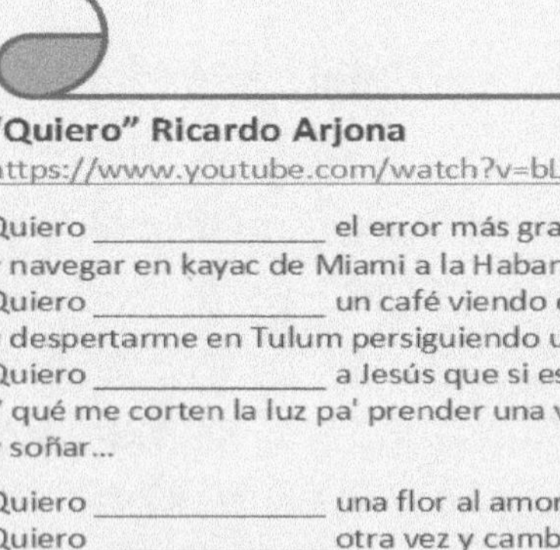

"Quiero" Ricardo Arjona
https://www.youtube.com/watch?v=bLMu2W-pRxw

Quiero ______________ el error más grande del mundo
y navegar en kayac de Miami a la Habana.
Quiero ______________ un café viendo el Mediterráneo
y despertarme en Tulum persiguiendo una estrella.
Quiero ______________ a Jesús que si está que aparezca.
Y qué me corten la luz pa' prender una vela.
y soñar...

Quiero ______________ una flor al amor de mi herida.
Quiero ______________ otra vez y cambiarme hasta el nombre.
Quiero ______________ el zaguán de las causas perdidas
y ver salir a papá convenciendo a mi madre.
Quiero ______________ decir lo que gritan tus ojos.
Quiero ______________ el valor que gané por miedoso.

Y quiero correr por ahí mientras trepo un cometa
y levantarle la falda a la gorda del barrio.
Quiero vivir sin un guion ni la misma receta.
Quiero inventarle otra letra al abecedario.
Quiero olvidarme de ti.
Quiero saber que es por mí...

Que quiero y no puedo querer mientras siga queriendo.
Inútil creer que querer es lograr olvidarte.
Quiero ______________ otro amor y perderlo enseguida,
para olvidarme de ti para toda la vida.
Quiero ______________ "Let it be" a la luz de la luna.
Quiero ______________ en el mar lo que no sea futuro.

Y quiero correr por ahí mientras trepo un cometa...

Quiero a la alquimia y buscar en el Tíbet alguna respuesta.
Quiero fugarme de mí para no ser de aquí ni de ninguna parte.
Perderme en la antropología, dedicar mi vida a la filantropía
con tal de olvidarte, con tal de burlarte.

Y quiero correr por ahí mientras trepo un cometa...

Quiero regalarle una flor al amor de mi herida.

Capítulo 8

Escribe utilizando el presente perfecto: ¿Qué has hecho en las vacaciones?

Puedes guiarte por estas preguntas:

1. ¿Has viajado o te has quedado en tu ciudad? ¿A dónde? ¿Con quién?
2. ¿Has estado con amigos? ¿Con quién? ¿Qué habéis hecho juntos?
3. ¿Has ido a alguna fiesta?
4. ¿Has visto alguna película? ¿Cuál?
5. ¿Has comido algo novedoso? ¿Qué?
6. ¿Has comprado algo? ¿Qué?

____

____

____

____

____

____

____

____

____

Otros enlaces:

- Guatemala https://www.youtube.com/watch?v=koljcep1l4A
- Antigua https://youtu.be/i2InkFgJXhU
- Los avances mayas https://youtu.be/1_KxEM8HzLw
- Mayan knowledge https://www.youtube.com/watch?v=3odJDGKPPTU
- The Maya People https://youtu.be/86F10IrvVus
- Ball game https://youtu.be/mSiZxYZW4To
- Popol Vuh http://www.learner.org/courses/worldlit/popol-vuh/watch/
- Rigoberta Menchú https://youtu.be/-WndkHH4new

Capítulo 9

Venezuela

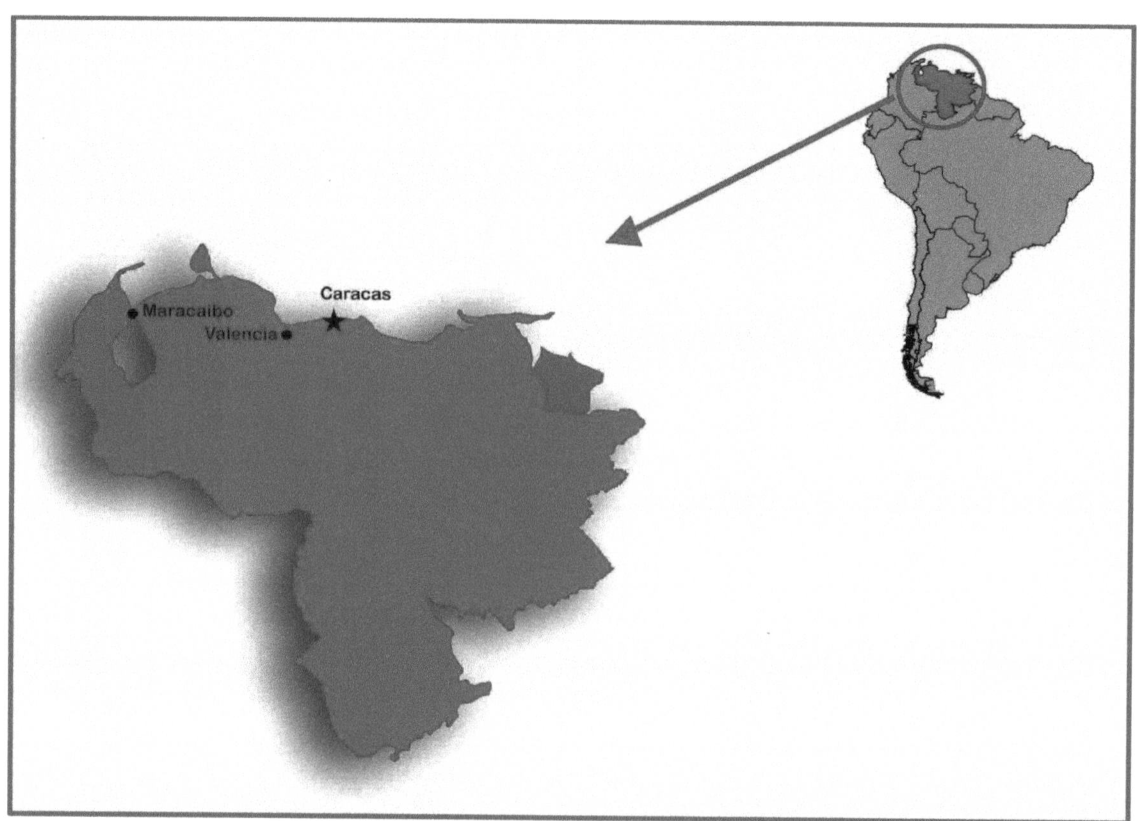

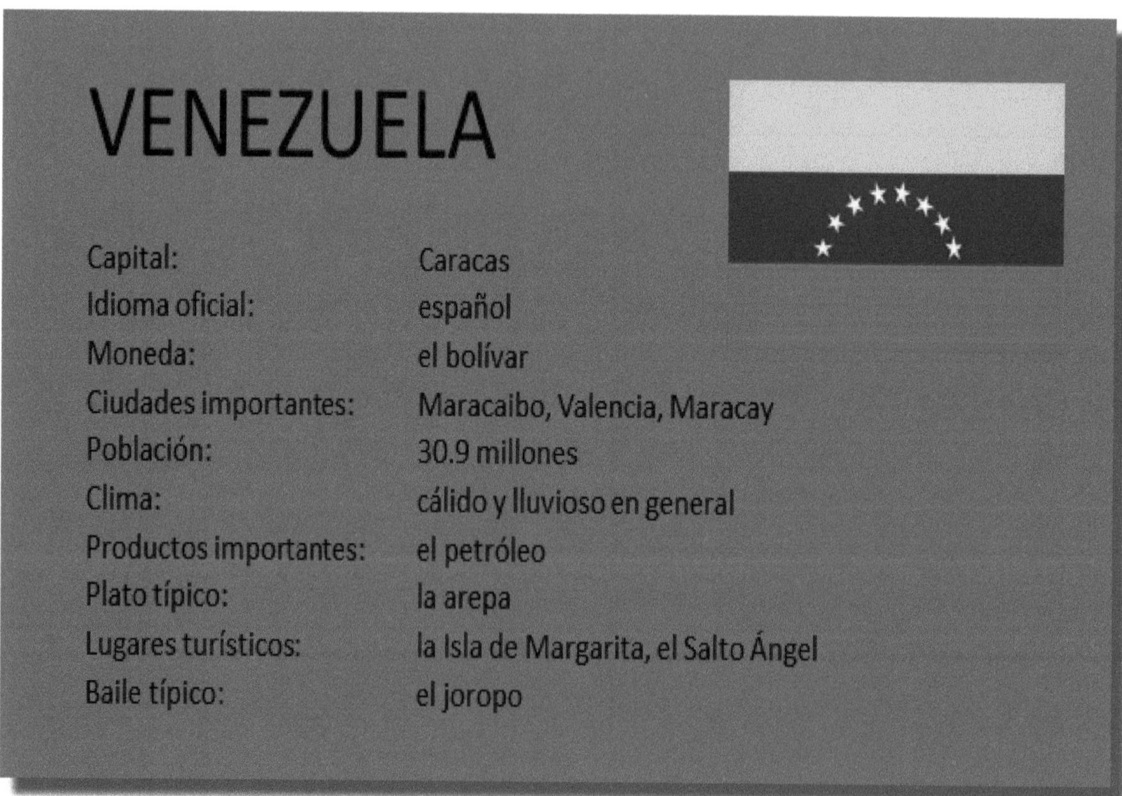

Capítulo 9

Venezuela en superlativo

1. El Salto Ángel es la caída de agua más alta del mundo.
2. El Puente de Angostura es el puente colgante más alto y largo de América Latina.
3. El Teleférico de Mérida es el teleférico turístico más largo del mundo.
4. La Hidroeléctrica Simón Bolívar es la tercera más importante del mundo.
5. El Complejo Cultural Teresa Carreño es el más grande de América Latina.
6. El bosque Uberito es la foresta artificial más grande del mundo.
7. Las Torres Gemelas son el segundo rascacielos más alto de Suramérica.
8. El monumento Virgen de la Paz es la estatua de la Virgen María más alta del mundo.

Capítulo 9

Venezuela en comparativo

La estatua de la Virgen de la Paz es **tan alta como** la estatua de la libertad.

EL COMPARATIVO

Comparatives are words that compare one thing/person to another.

- Comparatives of equality: **tan + adj. + como**
  tanto(s)/tanta(s) + noun + como

  Ex. María es **tan alta como** Luisa.
  María tiene **tantos libros como** Luisa.

- Comparatives of superiority: **más + adj. + que**
  más + noun + que

  Ex. María es **más** alta **que** Fernanda.
  María tiene **más** libros **que** Fernanda.

- Comparatives of inferiority: **menos + adj. + que**
  menos + noun + que

  Ex. Fernanda es **menos** alta **que** María.
  María tiene **menos** libros **que** Fernanda.

COMPARATIVOS IRREGULARES

ADJETIVO	COMPARATIVO
bueno	mejor que
malo	peor que
"older"	mayor que
"younger"	menor que

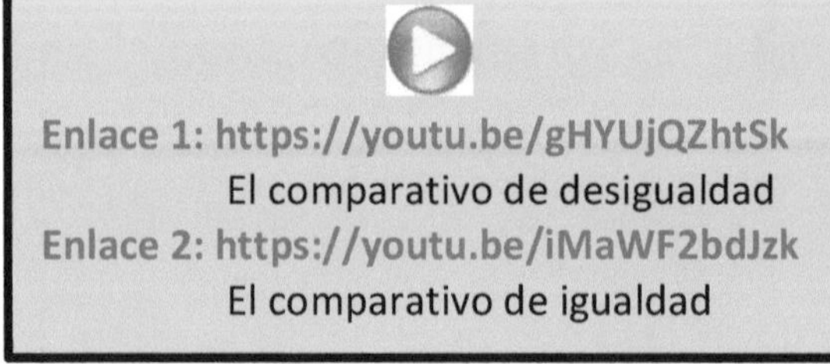

Enlace 1: https://youtu.be/gHYUjQZhtSk
El comparativo de desigualdad
Enlace 2: https://youtu.be/iMaWF2bdJzk
El comparativo de igualdad

Capítulo 9

Ejercicio 1: completa la frase utilizando el comparativo correcto

Ejemplo: El tenis es tan difícil como el golf. (=)

1. Hago ___________ deportes __________ mi hermana. (+)
2. La música brasilera es _______ buena ________ la música caribeña. (=)
3. Voy a ___________ fiestas __________ mi amigo Pablo. (−)
4. Tengo ____________ años __________ mis hermanos. (+)
5. Los niños reciben ___________ regalos en Navidad _________ en su cumpleaños. (=)
6. Compro zapatos __________ caros ________ mis amigas. (−)
7. Como __________ frutas y verduras __________ mi prima. (=)
8. Soy ________ atlético _________ mi hermano. (−)
9. La Navidad es ________ importante _________ Janucá. (=)
10. Venezuela es ________ grande _________ Cuba. (+)

Ejercicio 2: conversa con un compañero y da tu opinión sobre lo que consideras más importante

1. Las tradiciones son _____________ importantes ___________ el dinero.
2. La familia es _____________ importante ___________ el trabajo.
3. La televisión es _____________ importante ___________ la computadora.
4. El cine es ______________ importante ___________ los deportes.
5. Los coches son _____________ importantes ____________ la ropa.
6. La fruta _____________ importante ____________ los caramelos.
7. Mis amigos son ___________ importantes ___________ mi novio.
8. El trabajo es ___________ importante ___________ los estudios.

Ejercicio 3: observa la información de tu tabla, elige el adjetivo adecuado y construye frases con el COMPARATIVO de superioridad, inferioridad o igualdad. Sigue el ejemplo. Comparte tus respuestas con tu compañero.

ESTUDIANTE A

Maradona es <u>tan famoso como</u>	frío	*Pelé.*
Un Mercedes es …	caliente	como un BMW.
Mi abuelo es …	hispanos	mi padre.
Massachusetts es …	buena	Hawaii.
La economía de Noruega es …	económicos	Suecia.
Yo hablo alemán …	~~*famoso*~~	español.
Alaska es …	grande	Siberia.
Los autos grandes son …	mayor	los pequeños
En Nueva York hay …	caro	Kansas.
Alaska es …	peor	Miami.

ESTUDIANTE B

Maradona <u>es menos famoso que</u>	primos	*mi primo.*
Comer en un buen restaurantes es …	población	en McDonalds.
Mi madre es …	mejor	abuela.
Michael J Fox es …	~~*famoso*~~	Dustin Hoffman.
Mi abuela es …	vieja	abuelo.
La economía de Escandinavia …	menor	la de Latinoamérica.
Yo hablo portugués …	bajo	francés.
Texas es …	grande	Connecticut.
Ecuador tiene …	mal	Guatemala.
Yo tengo …	caro	hermano.

Capítulo 9

Festivales y fiestas de Venezuela

MÉRIDA es una hermosa ciudad rodeada de imponentes montañas con un centro colonial de singular belleza. La ciudad tiene una de las universidades de mayor tradición del país, la Universidad de los Andes. **Hay que** visitar Mérida en febrero durante la Feria del Sol. Las festividades incluyen corridas de toros, exposiciones culturales, comerciales y ganaderas, conciertos, desfiles, actividades deportivas y la elección de la reina de la feria. En el ámbito taurino esta feria es conocida como el Carnaval Taurino de América, pues en la plaza de toros de Mérida se citan grandes figuras del toreo nacional e internacional.

EL CALLAO es una de las poblaciones más ricas de Venezuela por el oro. A mediados del siglo 19 llegan a la zona exploradores venezolanos, africanos, antillanos, ingleses, españoles, brasileros y franceses. Ellos traen sus variadas lenguas, particulares gastronomías y otras costumbres. Resultado de ello es un *patois* local y un ritmo musical único y nuevo en Venezuela, el calipso. Para gozar de esa música no **dejes de** visitar la ciudad durante su carnaval. Es un carnaval con más de 100 años de historia y el más famoso de Venezuela. Durante esta celebración se organizan vistosas comparsas que tocan música calipso con tambores cilíndricos y la bailan.

CHORONÍ es un lugar tranquilo, con una notable arquitectura colonial, hermosas playas y maravillosa naturaleza. **Empieza a** ahorrar para llegar a Choroní durante el Velorio de la Cruz de Mayo. Esta fiesta es celebrada durante el solsticio de verano. En Choroní esta celebración es de suma importancia y tradición. Todo el pueblo participa en una gran fiesta a orillas del malecón y amanece al ritmo de los tambores, bailando en honor a la Cruz de Mayo. Durante la festividad veneran la Santa Cruz, la adornan con flores, le rezan y le cantan. Es una celebración de la Iglesia Católica, pero ha evolucionado y se ha convertido además de un velorio en un ritual para propiciar buenas cosechas y una forma de pedirle a la virgen su protección durante el resto del año. Incluso hay gente que lo llama “bailorio”, en lugar de velorio.

Capítulo 9

EL HATILLO es un acogedor pueblo cercano a la capital que ha mantenido su tradición arquitectónica. El pueblo goza de un gran ambiente donde no se **terminan de** encontrar buenos restaurantes y cafés, que constituyen uno de los atractivos del lugar. La música es parte importante de la vida del pueblo y anualmente se festeja el Festival de Música del Hatillo durante las dos últimas semanas de octubre. Este festival reúne a los artistas más destacados del país, así como a artistas internacionales, y ofrece una variada selección de géneros musicales como jazz, folk y rock. El festival ha ido ganando una creciente fama internacional.

COLONIA TOVAR es un inesperado pueblo alemán enclavado en la Cordillera de la Costa a solo 63 km. de Caracas. En 1843, colonos alemanes se establecieron en ese hermoso paraje y por muchos años quedaron aislados del resto del país, por lo que conservaron sus tradiciones (vestimenta, baile, comida), su arquitectura y su lengua. Es un pueblo muy visitado donde los turistas **deben** probar una salchicha frankfurt con *choucroute* y tomar una cerveza Spaten para sentirse en Alemania. Y como buen pueblo alemán celebra el *Oktoberfest* o Festival de la Cerveza. El festival, al principio, se ha celebrado de manera discontinua, pero desde el año 2005 el evento se ha institucionalizado.

MARACAIBO, la segunda ciudad más importante del país, es un gran centro petrolero. La ciudad tiene una interesante mezcla de modernidad y tradición. El centro mantiene sus coloridas casas y puede ser visitado desde un tranvía turístico. Maracaibo está a orillas del lago que lleva su nombre. La Fiesta de San Benito se celebra desde el 27 de diciembre hasta el 6 de enero. El culto a San Benito el Moro se realiza en muchas regiones de Venezuela, pero es en la región del Lago de Maracaibo donde **llega a** tener su máximo esplendor, pues San Benito es el santo patrón del lago. Durante las festividades hay concursos y desfiles por toda la ciudad. El santo aparece como un hombre negro, pero con características criollas, y lo asocian con un bebedor de ron que aprecia a las mujeres hermosas.

Capítulo 9

PRONOMBRES DE OBJETO DIRECTO E INDIRECTO

	PRONOMBRES OBJETO DIRECTO	PRONOMBRES OBJETO INDIRECTO
yo	me	me
tú	te	te
él/ella/usted	lo/la	le
nosotros	nos	nos
vosotros	os	os
ellos/ellas/ustedes	los/las	les

- The object pronouns replace the direct and indirect objects in a sentence.
- The direct object receives the verb action. To find a direct object in a sentence ask the question *¿qué?*

Ex. Durante el carnaval se organizan comparsas que tocan música calipso y **la** bailan.

¿Qué bailan?
(la) música calipso = DO → *la* = DO pronoun

El Hatillo festeja el Festival de Música, **lo** festeja en octubre.

¿Qué festeja el Hatillo?
el Festival de Música = DO → *lo* = DO pronoun

- The indirect object indicates the person affected by the verb action. To find the indirect object ask the question *¿a/para quién?*

Ex. San Benito aparece como un hombre negro y **le** piden protección.

¿A quién piden protección?
al San Benito = IO → *le* = IO pronoun

En Choroní veneran la Santa Cruz, **la** adornan con flores y **le** rezan.

¿A quién rezan?
a la Santa Cruz = IO → *le* = IO pronoun

- In a previous chapter we learned that the object pronouns are placed before the verb and when using both the DO and IO pronouns the latter should be placed first.

- However, the object pronouns can also be attached at the end of an infinitive verb. Let's review the same examples:

  Ex. Durante el carnaval se organizan comparsas que tocan música calipso, les gusta tocar**la** con tambores cilíndricos.

  (la) música calipso = DO → *la* = DO pronoun

  San Benito aparece como un hombre negro y suelen pedir**le** protección.

  a San Benito = IO → *le* = IO pronoun

- The object pronouns can also be attached at the end of a gerund verb.

  Ex. El Hatillo está festejando el Festival de Música este mes, está festejándo**lo** las dos últimas semanas.

  el Festival de Música = DO → *lo* = DO pronoun

- Note that the indirect object pronoun does not necessarily replace the indirect object (IO) in the sentence. Both can be used together in a sentence.

  Ex. Durante la festividad **le** rezan y **le** cantan a la Santa Cruz.

  a la Santa Cruz = IO → *le* = IO pronoun

- The indirect and direct object pronouns can be used at the same time. In this case, the IO pronoun is always place before the DO pronoun.

  Ex. El niño entrega flores a vosotros.
  El niño **os las** entrega.
  El niño quiere entregár**oslas**.

  las flores = DO, a vosotros = IO

- Remember that when both the indirect and direct object pronouns are in third person the IO pronoun changes from "le" and "les" to "se".

  Ex. El niño entrega flores a las chicas.
  El niño **se las** entrega.
  El niño quiere entregár**selas**.

  las flores = DO, a las chicas = IO

- Reflexive pronouns and direct object pronouns can be used at the same time. In this case, the reflexive pronoun is always placed before the DO pronoun.

  Ex. Yo me cepillo los dientes.
  Yo **me los** cepillo.
  Yo debo cepillár**melos**.

  me = reflexive pronoun, *los* = DO pronoun

Capítulo 9

Ejercicio 4: ordena las frases

Ejemplo: comprar / lo / puedo Lo puedo comprar. / Puedo comprarlo.

1. tienes / la / beber /que ______________________________
2. voy / enviar / a / las ______________________________
3. lo / debes / chocar / no ______________________________
4. vender / la / prefiero ______________________________
5. lo / comprado / hemos ______________________________
6. visitar / debéis / los ______________________________
7. la / ayer / he / visto ______________________________
8. escribiendo / los / estoy ______________________________
9. ¿envolver / deseáis / lo? ______________________________
10. está / leyendo / lo ______________________________

Ejercicio 5: completa la frase usando el pronombre de objeto directo al final del verbo en infinitivo

Ejemplo: Tito ha arreglado *el ordenador*. Ha tenido que arreglar*lo* esta mañana.

1. He visto la película de terror. No he debido ______________, porque no he podido dormir en toda la noche.
2. Los niños han construido un castillo de arena. Han querido ____________ sin ayuda.
3. Tú ya has leído la misma revista. Tú has tenido que ______________ en la oficina del doctor.
4. Vosotros habéis terminado toda la tarea. Habéis necesitado ____________ antes de la clase.

5. Nosotros hemos hecho una promesa. Hemos tenido que _______________ la semana pasada.

6. Mar y Sol han comprado entradas para el teatro. Han podido _________________ con descuento.

Ejercicio 6: completa la frase usando el pronombre de objeto indirecto al final del verbo en infinitivo

Ejemplo: Tito ha regalado un ordenador *a su hijo*. Ha querido regalar*le* el ordenador por sus buenas calificaciones.

1. Mi mamá ha preparado un sándwich a mi hermana. Ella ha necesitado _________________ el sándwich para el almuerzo.
2. Tú le has comprado un sombrero a tu padre. Tú has tenido que _________________ el sombrero la semana pasada.
3. Julia y Juan han escrito una carta a sus abuelos. Ellos han querido _________________ ahora.
4. Nosotros hemos hecho una promesa a nuestra madre. Hemos tenido que _________________ la promesa el mes pasado.
5. Yo he contado la buena noticia a mis padres. Yo he podido _________________ la noticia ayer.
6. Vosotras habéis llevado pizzas a la fiesta. Vosotras habéis preferido _________________ temprano.

Ejercicio 7: completa la frase usando el pronombre de objeto directo + indirecto al final del verbo en infinitivo

Ejemplo: Tito ha regalado *un ordenador a su hijo*. Ha querido regalár*selo* por sus buenas calificaciones.

1. Mi mamá ha preparado un sándwich para mí. Ella ha necesitado ____________________ para el almuerzo.

2. Tú le has comprado un sombrero a tu padre. Tú has tenido que ____________________ la semana pasada.
3. Julia y Juan han escrito una carta a ti. Ellos han querido ____________________ ahora.
4. Nosotros hemos hecho una promesa a nuestros padres. Hemos tenido que ____________________ el mes pasado.
5. Yo he contado la buena noticia a vosotros. Yo he podido ____________________ ayer.
6. Ella ha llevado pizzas a sus amigas. Ella ha preferido ____________________ temprano.

Ejercicio 8: completa la frase usando el pronombre reflexivo + objeto directo al final del verbo en infinitivo

Ejemplo: Tito se cepilla *los dientes*. Tito debe <u>cepillár*selos*</u> después de comer.

1. Tú te lavas las manos. Tú tienes que ____________________ antes de comer.
2. Claudia se pinta los labios. Claudia quiere ____________________ antes de llegar a la fiesta.
3. Julia y Juana se van a cepillar los dientes. Ellas van a ____________________ ahora.
4. Nosotros nos ponemos nuestros guantes. Debemos ____________________ antes de ir a jugar en la nieve.
5. Yo me seco el cuerpo. Yo necesito ____________________ antes de vestirme.
6. Vosotras os peináis el cabello. Vosotras preferís ____________________ sin ayuda.

Capítulo 9

PERIFRASIS VERBALES

Verbal periphrases are formed with two parts: one auxiliary verb and one principal verb. The auxiliary verb always comes before the principal verb. The auxiliary verb is conjugated and the principal verb is not (that is, it is used in its infinitive form).

HAY + que + infinitivo — To express an obligation (impersonal form).
Ex. Hay que estudiar este fin de semana.
Hay que levantarse temprano.

DEJAR + de + infinitivo — To express an action interrupted or stopped.
Ex. Yo he dejado de fumar.
No dejes de practicar tu español.

ACABAR + de + infinitivo — To express a recent action just completed.
Ex. Acabo de visitar Andalucía.
Acabas de ir a una fiesta.

TERMINAR + de + infinitivo — To express a finished action.
Ex. ¿Has terminado de estudiar para la prueba?
Termino de comer y salimos.

EMPEZAR + a + infinitivo — To express the beginning of an action.
Ex. He empezado a estudiar para el examen.
Empieza a empacar para tu viaje.

DEBER (de) + infinitivo — To express a duty.
Ex. Debo (de) ir al dentista hoy.

Ejercicio 9: encuentra las perífrasis verbales en el texto "Festivales y fiestas de Venezuela". ¿Qué significan?

Enlace 3: https://youtu.be/ZN_3w5YuL5w
HAY + que + infinitivo
Enlace 4: https://youtu.be/1BZalafcGNk
Verbo acabar + de + infinitivo
Enlace 5: https://www.youtube.com/watch?v=C9QcjPX2jOc
Verbo deber + infinitivo

Capítulo 9

Ejercicio 10: escribe una oración con cada una de las perífrasis verbales

1. ____.
2. ____.
3. ____.
4. ____.
5. ____.
6. ____.

Ejercicio 11: DEJAR + de + infinitivo. Conversa con tu compañero. Elijan el verbo apropiado y construyan frases en PRETÉRITO PERFECTO. Sigan el ejemplo.

Él ha dejado de ir	comprar	*al cine.*
Yo …	jugar	tarde.
¿Tú …	~~ir~~	ropa cara?
Pepe …	beber	vacaciones en la montaña.
Nosotros …	visitar	a nuestros abuelos.
¿Vosotros …	pasar	golf los domingos?
Ellos …	cenar	Coca Cola todos los días.

Ejercicio 12: ACABAR + de + infinitivo. Conversa con tu compañero. Elijan el verbo apropiado y construyan frases en PRESENTE. Sigan el ejemplo.

Yo acabo de llamar	abrir	*a la abuela.*
Los estudiantes …	ver	la clase de español.
¿Usted …	~~llamar~~	?
Yo …	terminar	mi cena.
Nosotros …	comenzar	la ventana.
¿Vosotros …	recoger	esta película?
Tú …	llamar	a tu hijo de la escuela.

Ejercicio 13: TERMINAR + de + infinitivo. Conversa con tu compañero. Elijan el verbo apropiado y construyan frases en PRETÉRITO PERFECTO. Sigan el ejemplo.

¿Has terminado de estudiar	almorzar	*?*
¿(Vosotros) ...	escribir	vuestro café.
¿(Tú) ...	~~estudiar~~	tu ensayo.
Víctor y Virginia ...	tomar	en la carrera.
Pedrito ...	cenar	en la nieve.
Nosotros ...	jugar	.
¿(Usted) ...	correr	?

Ejercicio 14: EMPEZAR + a + infinitivo. Conversa con tu compañero. Elijan el verbo apropiado y construyan frases en PRETÉRITO PERFECTO. Sigan el ejemplo.

Yo he empezado a hacer	desayunar	*yoga.*
Tú ...	visitar	hace 5 minutos.
Nosotros ...	~~hacer~~	productos orgánicos.
Elena ...	comprar	sus vacaciones en la playa.
Yo ...	pasar	a mis abuelos todos los dias.
¿Vosotros ...	jugar	la tarea?
Elby y Mar ...	hacer	tenis todas las mañanas.

Ejercicio 15: DEBER + infinitivo. Conversa con tu compañero. Elijan el verbo apropiado y construyan frases en PRESENTE. Sigan el ejemplo.

Yo debo ir	comprar	*al dentista.*
Usted ...	acompañar	para sacar una cita.
Tú ...	~~ir~~	leche y huevos.
Yo ...	llamar	algo antes de ir al trabajo.
Nosotros ...	comer	toda la tarea.
Mi madre ...	acostarse	a mi padre en su viaje.
Ellos ...	terminar	temprano.

Venezolanos famosos

Rómulo Gallegos escritor, educador y político venezolano. Es elegido presidente de la República y gobierna Venezuela solo de febrero a noviembre de 1948, pues es derrocado por un golpe militar. Se exilia en Cuba y luego México, pero vuelve a su país en 1958. Escribe novelas, cuentos y dramas. Ha sido reconocido como uno de los principales escritores venezolanos e hispanoamericanos. Su más destacada novela, *Doña Bárbara* (1929), es una obra de gran importancia en la literatura hispanoamericana pues con ella se inicia una brillante época para toda la novelística: la de las grandes historias autóctonas carentes de la influencia europea.

Gustavo Dudamel es un músico y director de orquesta nacido en Barquisimeto, Venezuela. Es considerado uno de los directores de orquesta más fascinantes y carismáticos de la actualidad, se refieren a él como "El hombre que rejuvenece la música clásica" y es calificado como un genio musical. Es director de la Orquesta Filarmónica de Los Ángeles y la Sinfónica Simón Bolívar. Esta última la dirige desde los 18 años. Ha dirigido numerosas orquestas alrededor del mundo: la Staatskapelle Berlin, la Orquesta Sinfónica de Chicago, la Filarmónica de Nueva York, la Orquesta Filarmonía en el Reino Unido, la Orquesta Filarmónica de la Scala, la Filarmónica de Berlín, la Staatsoper en Berlín y la Orquesta Filarmónica de Viena, entre otras.

Dato curioso

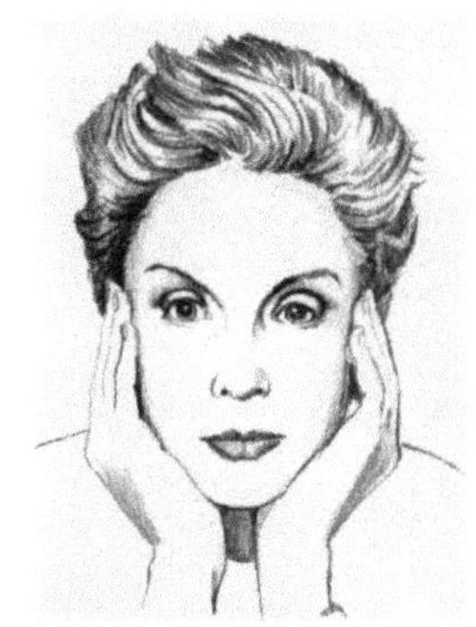

Carolina Herrera, la destacada diseñadora de modas nace en Caracas, se inicia en el mundo de la moda en 1981 (a los 42 años) y ese mismo año se muda a Nueva York. Herrera ha vestido a varias primeras damas como Jacqueline Kennedy Onassis y Michelle Obama.

Ejercicio 16: contesta si la frase es verdadera o falsa

	V	F
1. Rómulo Gallegos es un pintor venezolano.	____	____
2. Gallegos es presidente por nueve meses.	____	____
3. Su novela *Doña Bárbara* no tiene influencia europea.	____	____
4. Gustavo Dudamel es un famoso director de orquesta.	____	____
5. Dudamel dirige orquestas desde los trece años.	____	____
6. La crítica califica a Dudamel como un genio musical.	____	____
7. Carolina Herrera es una diseñadora colombiana.	____	____
8. Herrera diseña moda desde muy joven.	____	____

Música

Carlos Baute es un cantante, compositor, arreglista, actor y presentador venezolano. Su música es pop latino, baladas y bachata.

Ejercicio 17: completa los verbos en el texto

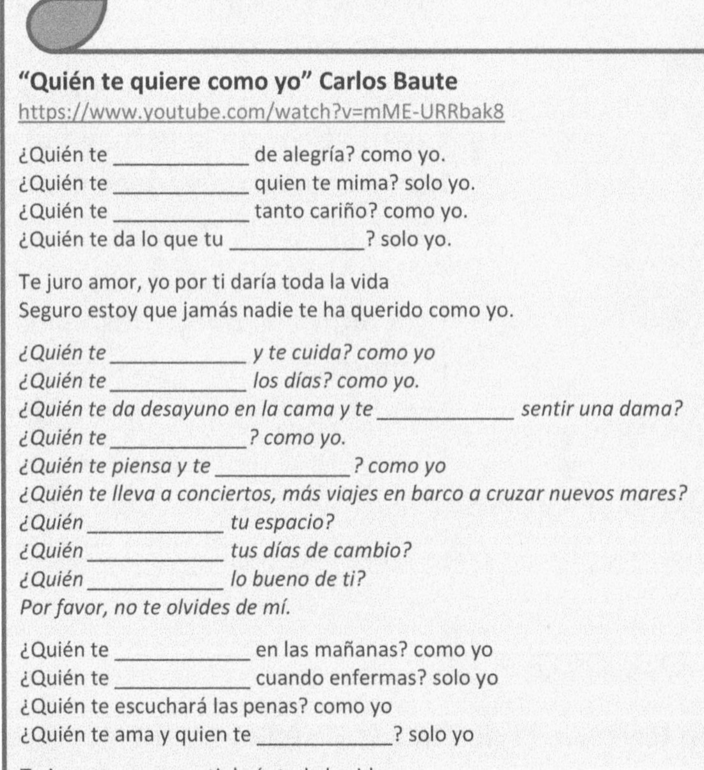

"Quién te quiere como yo" Carlos Baute
https://www.youtube.com/watch?v=mME-URRbak8

¿Quién te ___________ de alegría? como yo.
¿Quién te ___________ quien te mima? solo yo.
¿Quién te ___________ tanto cariño? como yo.
¿Quién te da lo que tu ___________? solo yo.

Te juro amor, yo por ti daría toda la vida
Seguro estoy que jamás nadie te ha querido como yo.

¿Quién te ___________ y te cuida? como yo
¿Quién te ___________ los días? como yo.
¿Quién te da desayuno en la cama y te ___________ sentir una dama?
¿Quién te ___________? como yo.
¿Quién te piensa y te ___________? como yo
¿Quién te lleva a conciertos, más viajes en barco a cruzar nuevos mares?
¿Quién ___________ tu espacio?
¿Quién ___________ tus días de cambio?
¿Quién ___________ lo bueno de ti?
Por favor, no te olvides de mí.

¿Quién te ___________ en las mañanas? como yo
¿Quién te ___________ cuando enfermas? solo yo
¿Quién te escuchará las penas? como yo
¿Quién te ama y quien te ___________? solo yo

Te juro amor yo por ti daría toda la vida.
Seguro estoy que jamás nadie te ha querido como yo.

¿Quién te quiere y te cuida? como yo...

Por favor, no te olvides de mí.

Venezuela ha ganado 7 coronas en Miss Universo

Ejercicio 18: conversa con tu compañero. Hazle preguntas sobre la información que falta en tu cuadro:

¿En qué año gana el título Miss Universo...?
¿En qué lugar gana...?
¿Quién es la primera finalista el año...?
¿De dónde es la primera finalista el año...?

Estudiante A

Nombre	Año	Sede	Primera finalista
Maritza Sayalero		Australia	Gina Swainson, Bermudas
Irene Sáez		Nueva York	Dominique Dufour, Canadá
Bárbara Palacios	1986	Panamá	... , Estados Unidos
Alicia Machado	1996		Taryn Scheryl Mansell, ...
Dayana Mendoza		Vietnam	Taliana Vargas, ...
Stefanía Fernández	2009	Bahamas	Ada Aimeé de la Cruz, ...
Gabriela Isler	2013		Patricia Yurena, España

Estudiante B

Nombre	Año	Sede	Primera finalista
Maritza Sayalero	1979		..., Bermudas
Irene Sáez	1981	Nueva York	Dominique Dufour, ...
Bárbara Palacios		Panamá	Christy Fichtner, ...
Alicia Machado		Las Vegas	Taryn Scheryl Mansell, Aruba
Dayana Mendoza	2008		Taliana Vargas, Colombia
Stefanía Fernández		Bahamas	Ada Aimeé de la Cruz, República Dominicana
Gabriela Isler	2013	Rusia	... , España

Un poco de historia: Las luchas independentistas

El período independentista en la América hispana ocurre entre 1808 y 1825. Este proceso emancipador forma parte del ciclo revolucionario mundial que se inaugura a fines del siglo 18. Las luchas en las colonias españolas son rebeliones armadas paralelas y no relacionadas, particulares a cada zona. Por ello, la emancipación es larga y dura más de 15 años. En la lucha sudamericana destacan Simón Bolívar y José de San Martín. Ellos liberan no solo sus respectivas patrias, sino también el resto del continente.

Simón Bolívar, el Libertador, nace en Caracas dentro de una familia acomodada. Se educa en Europa e inspirado por las ideas liberales jura no descansar hasta liberar a su país de la dominación española. De regreso en América comienza la lucha por la emancipación de su patria y se convierte en el principal dirigente de la lucha por la independencia de los actuales Bolivia, Colombia, Ecuador, Panamá, Perú y Venezuela. Perú será el último foco de la presencia realista, donde Bolívar obtiene una decisiva victoria en 1824 con la Batalla de Ayacucho. Finalmente en 1825 se pone fin a la presencia española en el Alto Perú (actual Bolivia) y con ello en toda Sudamérica.

Bolívar sueña con formar una gran alianza entre las ex colonias españolas en América, inspirada en el modelo de Estados Unidos. Sin embargo, su proyecto de una gran Hispanoamérica unida choca con los sentimientos de las oligarquías locales que buscan una soberanía política propia. Decepcionado renuncia al poder y se retira a Santa Marta (Colombia) donde muere.

Ejercicio 19: conversa con tu compañero. Hazle preguntas sobre el texto.

1. ______________________________
2. ______________________________
3. ______________________________
4. ______________________________
5. ______________________________
6. ______________________________

Capítulo 9

Escribe un pequeño texto sobre:

(1) Algún festival o festividad que se celebra en los EE.UU.

o

(2) La independencia de los Estados Unidos

Otros enlaces:

- Simón Bolívar https://youtu.be/8HFiSUjEzVs
- Venezuela https://youtu.be/OvzkSyj7T34
- Information on Venezuela http://fis.ucalgary.ca/AVal/321/Venezuela.html
- Rómulo Gallegos https://youtu.be/6fYwJv0gvdQ
- Gustavo Dudamel https://youtu.be/u10FbKZSIhs
- Carolina Herrera https://youtu.be/VloVPaM154k
- South America Independence https://www.youtube.com/watch?v=ak8ktt3uAuc

Capítulo 10

República Dominicana

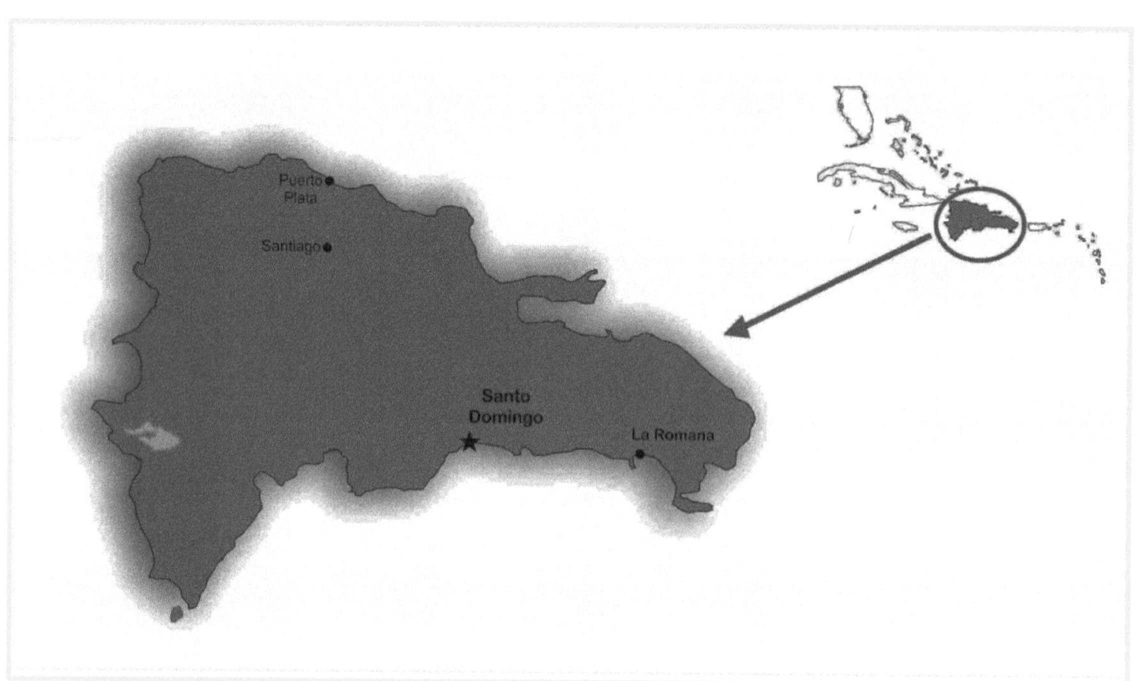

REPÚBLICA DOMINICANA

Capital:	Santo Domingo
Ciudades importantes:	Puerto Plata, Santiago
Idioma oficial:	español
Moneda:	el peso dominicano
Población:	10.4 millones
Clima:	cálido y húmedo
Productos importantes:	la caña de azúcar, el arroz
Plato típico:	la bandera dominicana
Lugares turísticos:	Punta Cana, 27 Charcos de Damajagua
Música típica:	el merengue

Capítulo 10

Momentos inagurales en República Dominicana

Ejercicio 1: ¿En qué tiempo verbal crees que están los verbos?

PRETÉRITO INDEFINIDO: VERBOS REGULARES

VERBOS –AR	ESTUDIAR	TRABAJAR	HABLAR	NADAR
yo	estudi**é**	trabaj_____	habl**é**	
tú	estudi**aste**	trabaj_____		nad**aste**
él/ ella / usted	estudi**ó**	trabaj_____	habl**ó**	
nosotros /as	estudi**amos**	trabaj_____		nad**amos**
vosotros / as	estudi**asteis**	trabaj_____	habl**asteis**	
ellos/ellas/Uds.	estudi**aron**	trabaj_____		nad**aron**

VERBOS –ER	APRENDER	COMER	CRECER	NACER
yo	aprend**í**	com_____		nac**í**
tú	aprend**iste**	com_____	crec**iste**	
él / ella / usted	aprend**ió**	com_____		nac**ió**
nosotros /as	aprend**imos**	com_____	crec**imos**	
vosotros / as	aprend**isteis**	com_____		
ellos/ellas/Uds.	aprend**ieron**	com_____		nac**ieron**

VERBOS –IR	VIVIR	ESCRIBIR	ABRIR	PARTIR
yo	viv**í**	escrib_____	abr**í**	
tú	viv**iste**	escrib_____		part**iste**
él / ella / usted	viv**ió**	escrib_____	abr**ió**	
nosotros /as	viv**imos**	escrib_____		part**imos**
vosotros / as	viv**isteis**	escrib_____	abr**isteis**	
ellos/ellas/Uds.	viv**ieron**	escrib_____		part**ieron**

Enlace 1: https://youtu.be/Jf7yEus4FwA
Pretérito indefinido verbos regulares –AR
Enlace 2: https://youtu.be/2i2GrTjDKFc
Pretérito indefinido verbos regulares –ER
Enlace 3: https://youtu.be/L8kMZSFBrWI
Pretérito indefinido verbos regulares –IR

Un poco de historia: Momentos inaugurales en América

Cristóbal Colón partió camino a las Indias el 3 de agosto de 1492 con tres barcos y 120 hombres. Navegaron por el Atlántico rumbo al oeste y finalmente divisaron tierra el 12 de octubre. Colón llamó San Salvador a la primera isla a la que llegó. Los españoles se detuvieron en varias islas. Un barco encalló cerca a la isla La Española y ahí construyeron un fuerte. La Española constituye el primer asentamiento europeo en el Nuevo Mundo, y juega un rol muy importante durante el primer siglo de la conquista. Actualmente, esa isla está dividida en dos países, República Dominicana y Haití.

Colón regresó a España y contó todo lo que vio. Los Reyes Católicos financiaron un nuevo viaje. En esa segunda ocasión, Colón viajó con 17 barcos y 1500 hombres. Colón hizo cuatro viajes a América, pero murió creyendo que había arribado a las Indias. Los españoles comenzaron la conquista del "Nuevo Mundo". En las nuevas tierras construyeron ciudades y colonizaron a la población. Los españoles llevaron su idioma, su religión y su cultura a América.

Ejercicio 2: contesta las preguntas sobre el texto

1. ¿En qué mes partió Colón y cuántos meses demoró en llegar a América?

   ____

2. ¿Cuántos hombres tuvo Colón en su primer viaje y cuántos en su segundo?

   ____

3. ¿A dónde llegó Colón en su primera parada y dónde pensó que había llegado?

   ____

4. ¿Cuántas veces viajó Colón a América?

   ____

5. ¿Cómo llamaron los europeos a América?

   ____

PRETÉRITO INDEFINIDO: VERBOS IRREGULARES - Cambio e → i

COMPETIR	MEDIR	SENTIR	PREFERIR	MENTIR
competí		sentí		
competi**ste**			prefer**iste**	
comp**itió**	m**idió**			m**intió**
compet**imos**		sent**imos**		ment**imos**
compet**isteis**			prefer**isteis**	
comp**itieron**	m**idieron**			

pedir, repetir, seguir, servir, sugerir

PRETÉRITO INDEFINIDO: VERBOS IRREGULARES - Cambio o → u

DORMIR	MORIR
dormí	
dorm**iste**	
d**urmió**	m**urió**
dorm**imos**	mor**imos**
dorm**isteis**	
d**urmieron**	

PRETÉRITO INDEFINIDO: VERBOS IRREGULARES - Cambio i → y

LEER	OÍR	CONCLUIR	INCLUIR	CONTRIBUIR
leí	oí		incluí	
le**íste**	o**íste**			contribu**iste**
le**yó**	o**yó**	conclu**yó**		
le**ímos**	o**ímos**		inclu**imos**	
le**ísteis**	o**ísteis**			contribu**isteis**
le**yeron**	o**yeron**	conclu**yeron**		

constituir, contribuir, construir, destituir, destruir, sustituir

PRETÉRITO INDEFINIDO: VERBOS IRREGULARES - Cambio g → gu

LLEGAR	APAGAR	REGAR	ROGAR	PAGAR
lle**gué**	apa**gué**			pa**gué**
lleg**aste**		reg**aste**		
lleg**ó**			rog**ó**	pag**ó**
lleg**amos**	apag**amos**			
lleg**asteis**		reg**asteis**		
lleg**aron**			rog**aron**	

PRETÉRITO INDEFINIDO: VERBOS IRREGULARES - Cambio c → q

BUSCAR	COLOCAR	EXPLICAR	PRACTICAR	TOCAR
bus**qué**	colo**qué**			
busc**aste**			practic**aste**	
busc**ó**		explic**ó**		toc**ó**
busc**amos**	coloc**amos**			toc**amos**
busc**asteis**			practic**asteis**	
busc**aron**		explic**aron**		

comunicar, chocar, indicar, pescar, sacar

PRETÉRITO INDEFINIDO: VERBOS IRREGULARES - Cambio z → c

ALCANZAR	ALMORZAR	COMENZAR	EMPEZAR	REZAR
alcan**cé**	almor**cé**			
alcanz**aste**			empez**aste**	rez**aste**
alcanz**ó**		comenz**ó**		rez**ó**
alcanz**amos**	almorz**amos**			
alcanz**asteis**			empez**asteis**	
alcanz**aron**		comenz**aron**		

PRETÉRITO INDEFINIDO: VERBOS IRREGULARES - Cambio en la raíz

ESTAR	TENER	PONER	DECIR	HACER
estuve	tuve	puse	dije	hice
estuviste	tuviste	pusiste	dijiste	hiciste
estuvo	tuvo	puso	dijo	hizo*
estuvimos	tuvimos	pusimos	dijimos	hicimos
estuvisteis	tuvisteis	pusisteis	dijisteis	hicisteis
estuvieron	tuvieron	pusieron	dijeron*	hicieron

poder → pud-   saber → sup-   querer → quis-   venir→ vin-

PRETÉRITO INDEFINIDO: VERBOS COMPLETAMENTE IRREGULARES

DAR	SER	IR
di	fui	fui
diste	fuiste	fuiste
dio	fue	fue
dimos	fuimos	fuimos
disteis	fuisteis	fuisteis
dieron	fueron	fueron

Los españoles en el Nuevo Mundo

Ejercicio 3: conversa con tu compañero. Hazle preguntas sobre la información que falta en tu cuadro:

¿De dónde *partió Colón*?

¿Cuándo *partió Colón*?

ESTUDIANTE A

¿QUIÉN? / ¿QUIÉNES?	¿QUÉ?	¿DE DÓNDE? / ¿A DÓNDE? / ¿QUÉ?	¿CUÁNDO?
Colón	*partió*	*de puerto de Palos*	*en agosto 1492*
Colón	llegó	a América	
Colón	emprendió		en abril 1502
Colón	regresó	de su último viaje a América	
Colón	murió		en mayo 1506
Los españoles	fundaron	la primera ciudad	
Los españoles	abrieron		en noviembre 1503
Los españoles	inauguraron	la primera universidad	

ESTUDIANTE B

¿QUIÉN? / ¿QUIÉNES?	¿QUÉ?	¿DE DÓNDE? / ¿A DÓNDE? / ¿QUÉ?	¿CUÁNDO?
Colón	*partió*	*de puerto de Palos*	*en agosto 1492*
Colón	llegó		en octubre 1492
Colón	emprendió	su cuarto viaje a América	
Colón	regresó		en noviembre 1504
Colón	murió	en Valladolid	
Los españoles	fundaron		en enero 1494
Los españoles	abrieron	el primer hospital	
Los españoles	inauguraron		en octubre 1538

Capítulo 10

Los minerales dominicanos

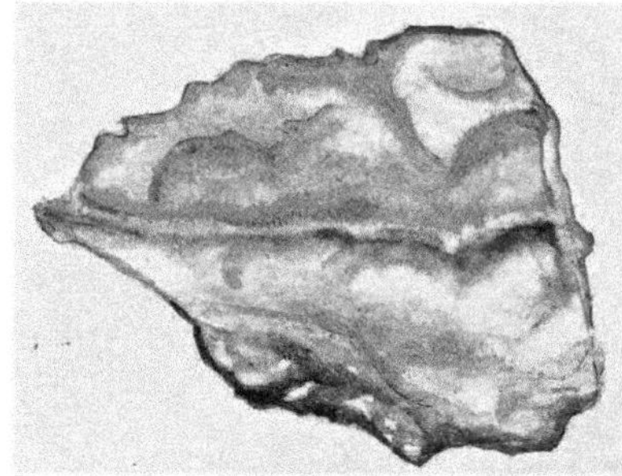

República Dominicana ha sido sede de la industria minera más antigua de América. La que tuvo sus inicios en el siglo 15. Las ciudades más antiguas del país (Santo Domingo, Santiago y La Vega) se establecieron debido al oro descubierto en varios ríos de la isla. Hoy en día un mineral en particular llama la atención del mundo: el larimar. Es una roca semipreciosa que se encuentra únicamente en las minas Los Chupaderos de la República Dominicana. Por miles de años, los habitantes de la zona consideraron que la piedra provenía del mar y la llamaron "roca azul". En 1916 un sacerdote descubrió la mina, pero su solicitud para explorar y explotarla fue rechazada. En 1974 Miguel Méndez, un geólogo dominicano, y Norman Rilling, un voluntario del Cuerpo de Paz, redescubrieron esta gema. Méndez la llamó "larimar", pues unió el nombre de su hija, Larissa, con la palabra mar, pero es popularmente conocida como la "gema del Caribe". Muchos consideran que el color del larimar representa el hermoso azul del mar y del cielo caribeño. Esta piedra se considera curativa y se dice que mejora el área de la garganta, y que aumenta las habilidades del habla y de la comunicación.

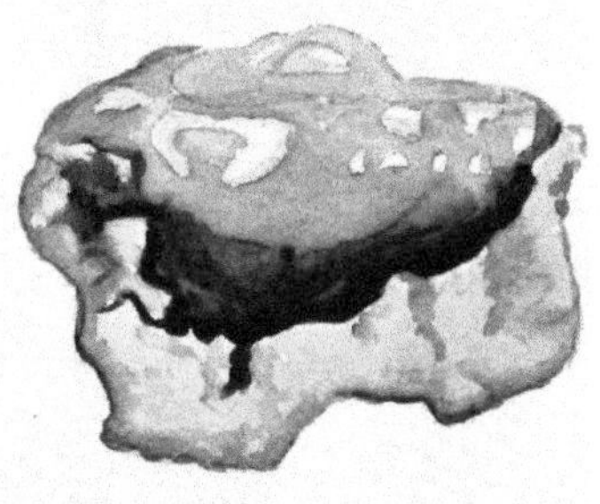

En República Dominicana existe un tipo de ámbar único y exclusivo de este país. Es de color azul y tiene el mayor número de restos fósiles. En la película *Parque Jurásico* es ese ámbar el que contiene el mosquito con la sangre del dinosaurio que da vida al parque. En Puerto Plata se puede visitar el Museo del Ámbar que contiene una de las colecciones más importantes en el mundo. Dicho museo es dueño del ámbar con el mosquito que fue utilizado en la película de Spielberg.

Ejercicio 4: subraya los verbos del texto y copia 6 frases. ¿En qué tiempo verbal están?

1. ____
2. ____
3. ____
4. ____
5. ____
6. ____

Capítulo 10

PRETÉRITO INDEFINIDO VS. PRETÉRITO PERFECTO

PRETÉRITO PERFECTO

- The present perfect tense, as in English, refers to finished events in a time that has not ended, that is, it has a relation with today. We'll use an example from the previous text to understand this concept:

  Ex. República Dominicana ha sido sede de la industria minera más antigua.

- Translation: Dominican Republic *has hosted* the oldest mining industry. The present perfect is being used because implicit in the meaning is a continuation up to today. That is, the Dominican Republic still hosts a mining industry.
- The temporal markers used with the present perfect are: hoy, esta mañana, esta semana, este mes, este año, alguna vez, nunca, hasta ahora...

PRETÉRITO INDEFINIDO

- The preterit tense refers to a onetime happening event in a time that has ended. We'll use an example from the previous text to understand this concept:

  Ex. Tuvo sus inicios durante las primeras expediciones en el siglo 15.

- Translation: (The mining) *had* its beginnings during the first expeditions in the 15th century. The preterit is being used because it was a onetime happening event. That is, mining in the Dominican Republic started on a particular date in the 15th century.
- The temporal markers used with the indefinite are: ayer, anoche, el otro día, la semana pasada, el mes pasado, el año pasado, hace dos días, hace un mes, hace un año...

PRETÉRITO INDEFINIDO VS. PRETÉRITO PERFECTO

- Following are two examples that illustrate the concept previously explained. Can you tell why the present perfect or the preterit is being used in each case?

  Ex. Hoy me he levantado temprano, pero ayer me levanté tarde.

  Toda la semana he almorzado en casa, la semana pasada almorcé en un restaurante.

Capítulo 10

Ejercicio 5: completa los verbos en pretérito perfecto o indefinido

1. Este mes tú ___________________ (tener) mucho trabajo.
2. Antes de ayer tú ___________________ (tener) poco trabajo.
3. Anoche ___________________ (llover) un poco.
4. Este año ___________________ (llover) mucho.
5. Hasta el momento nosotros no___________________ (aprender) los verbos en el tiempo futuro.
6. El semestre pasado nosotros ___________________ (aprender) los verbos reflexivos.
7. Ayer vosotros ___________________ (hacer) la tarea de español.
8. Hasta ahora vosotros no ___________________ (hacer) la tarea.
9. A través de los años se ___________________ (descubrir) muchas tierras nuevas.
10. En 1492 Cristóbal Colón ___________________ (descubrir) América.

Ejercicio 6: conversa con tu compañero. Elijan el verbo apropiado y construyan frases usando el PRETÉRITO INDEFINIDO. Sigan el ejemplo.

Hoy tú llegaste	ir	tarde a la clase de español.
Meche y Ana ...	~~llegar~~	baloncesto toda la tarde.
Nosotros ...	desayunar	el campeonato de fútbol.
Yo ...	estudiar	a una fiesta el sábado.
Mi madre ...	trabajar	arroz con pollo anoche.
Vosotros ...	ganar	pan y café esta mañana.
Tú ...	bailar	mucho para el examen de español.
Mis padres ...	viajar	a México en diciembre.
Yo ...	preparar	en un supermercado el verano pasado.
Nosotros ...	jugar	en la discoteca toda la noche.

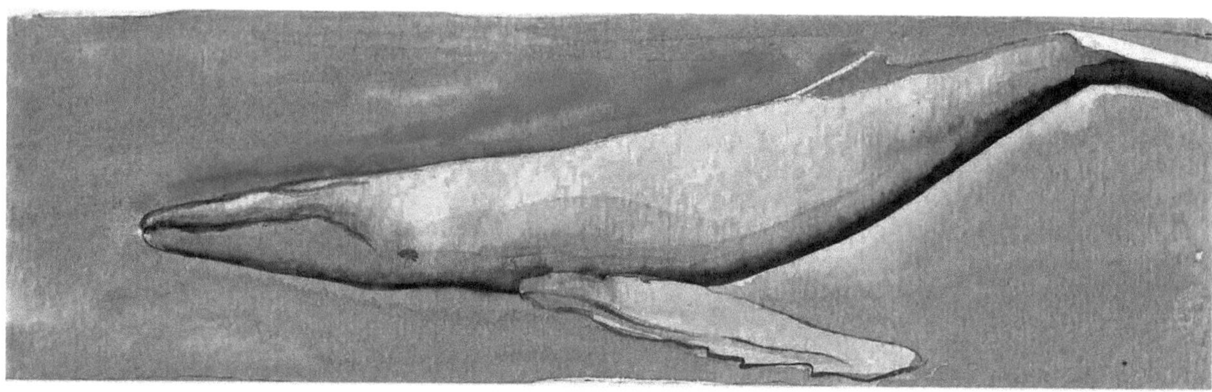

Samaná, un viaje inolvidable

Todos los años las ballenas jorobadas dejan las aguas frías de Islandia, Groenlandia, Canadá y Estados Unidos y realizan un asombroso viaje por el Atlántico hasta el mar Caribe. Millares llegan cada año a la Bahía de Samaná, uno de los mejores lugares del mundo para observarlas. **Algunas** llegan a parir y otras para acoplarse. Después de dar a luz a sus ballenatos, las ballenas preparan su regreso hacia el norte.

Un estudio reveló que **ninguna** ballena del Atlántico norte deja de viajar a Samaná. Viajan a ese lugar a parir porque los recién nacidos tienen una capa de grasa demasiado fina para soportar las aguas frías. Para adquirir fuerzas y poder seguir a su madre de regreso, el ballenato consume diariamente cerca de 200 litros de leche.

Si **alguien** desea ver un espectáculo extraordinario debe visitar ese santuario de ballenas, localizado al noroeste de República Dominicana. Es impresionante ver saltar a los machos compitiendo por las hembras. **Algunos** llegan a medir 16 metros y a pesar hasta 50 toneladas. También se las divisa cuando salen a respirar, aunque pueden permanecer bajo el agua hasta 40 minutos. En ocasiones se puede gozar al observar a **algún** ballenato jugando con su madre.

Los machos producen cantos largos, fuertes y complejos que han popularizado a la especie. **Algunas** canciones se prolongan de 10 a 20 minutos. **Nadie** sabe hasta ahora el propósito del canto, aunque **algunos** científicos tienen **algunas** teorías.

Ejercicio 7: conversa con tu compañero. Hazle preguntas sobre el texto.

1. ______________________________
2. ______________________________
3. ______________________________
4. ______________________________
5. ______________________________

Capítulo 10

ALGUIEN Y NADIE

- *Alguien* means someone, anyone.
- *Nadie* means no one, nobody.
- Both terms refer to people, but it is not specified who you are talking about. These terms are impersonal.
- There are no changes in their form, that is, they have no plural nor feminine form.

Ex. Si alguien desea tener una experiencia inolvidable debe visitar ese santuario de ballenas

Nadie sabe hasta ahora el propósito del canto de las ballenas.

ALGUNO Y NINGUNO

- *Alguno(s)/alguna(s)* means some.
- *Ninguno(s)/ninguna(s)* means none, not one.
- These terms are used to refer to people, animals or things.
- Their form changes depending on the noun's gender (masculine/feminine) and number (singular/plural)
- The noun can or cannot be included in the sentence.

Ex. Algunas (ballenas) llegan a parir y otras para acoplarse.
Algunos (machos) llegan a medir 16 metros.
Algunas canciones pueden prolongarse entre 10 hasta 20 minutos.
Algunos científicos tienen algunas teorías.
Ninguna ballena posee cuerdas vocales.
Ninguna ballena del Atlántico norte deja de viajar hasta Samaná.

Enlace 4: https://youtu.be/iMYo1DciurA
Alguien y nadie
Enlace 5: https://youtu.be/UGkdDUnmXRE
Alguno y ninguno

Capítulo 10

Ejercicio 8: completa la frase con ALGUIEN o NADIE

1. En esta clase ______________ sabe hablar chino.
2. Si llega ______________ le dices que me espere.
3. Tienes que buscar a ______________ para practicar español.
4. Hoy no vino ______________ a la clase.
5. ¿Conoces a ______________ en República Dominicana?
6. Yo no conozco a ______________ en España.
7. Debe haber ______________ en casa porque está el coche.
8. ______________ dice que esta es la casa de la profesora.
9. Todos están de viaje, no hay ______________ en casa.
10. ¿Ha llamado ______________?
11. ______________ sabe si Dios existe.

Ejercicio 9: completa la frase con ALGUNO/A/S o NINGUNO/A/S

1. ¿Has comido paella ______________ vez?
2. Tenía dos chocolates, pero ahora ya no tengo ______________.
3. ¿Conoces a ______________ estudiantes de español?
4. He perdido mis gafas, no las encuentro en ______________ lado.*
5. ¿Hay ______________ tienda de ropa por aquí?
6. En mi barrio hay ______________ parques muy bonitos.
7. En Madrid hay ______________ plazas muy grandes.
8. ¿Hay por aquí ______________ hospital?*
9. ______________ países latinoamericanos son bastante pobres.
10. No tengo ______________ corbata.

*Refer to explanation in the next page

Capítulo 10

POSICIÓN Y APÓCOPE DEL ADJETIVO

- In Spanish we've learned that usually the adjective is placed after the noun. So for instance, the White House in Spanish would be "la Casa Blanca." However, there are some adjectives that are placed before the noun.
- Numbers are placed before the noun.

  Ex. Tengo tres libros.

- The adjectives *mejor* y *peor* go before the noun.

  Ex. Es el mejor libro que he leído.

- The adjective is also placed in front of the noun when one wants to stress the quality of the adjective.

  Ex. La niña hermosa. → describes the girl as beautiful.

  La hermosa niña. → highlights that the girl is beautiful.

- There are some adjectives that have a shortened form (apócope) when placed before the noun. This only happens in its masculine singular form:

uno → un	**Ex.**	Solo un niño levantó la mano.
bueno → buen	**Ex.**	Un buen día para ir a la playa.
malo → mal	**Ex.**	Hoy hace mal tiempo.
grande → gran	**Ex.**	Él es un gran padre.
primero → primer	**Ex.**	El primer capítulo es muy bueno.
tercero → tercer	**Ex.**	Jesús resucitó al tercer día.
santo → san	**Ex.**	San José es el padre de Jesús.
alguno → algún	**Ex.**	¿Hay por aquí algún hospital?
ninguno → ningún	**Ex.**	No encuentro mis gafas en ningún lado
ciento → cien	**Ex.**	En los últimos cien años se han logrado muchos avances científicos.

Capítulo 10

Ejercicio 10: conversa con tu compañero. Elijan el APÓCOPE del adjetivo apropiado y completen la frase. Sigan el ejemplo.

Quiero …	primer	perro, no dos.
Qué tengas un …	~~un~~	día
¡Yo no tengo	tercer	dólares para prestarte!
Ahora es un …	ningún	momento para mí, ¿podría llamar en una hora?
Enero es el …	buen	mes del año.
Marzo es el …	gran	mes del año.
… Diego	algún	está al sur de California.
No tengo …	San	diario en la casa.
Kennedy fue un …	mal	Presidente.
¿Habrá …	cien	señor amable que me ceda su asiento?

Ejercicio 11: completa los verbos con cambio en la raíz en pretérito perfecto

	QUERER	**SABER**	**VENIR**	**PODER**
yo				
tú				
él/ ella / usted				
nosotros /as				
vosotros / as				
ellos/ellas/Uds.				

Ejercicio 12: completa tu biografía

Yo nací en ______________________, en el año __________. Yo crecí en ______________________ y estudié en la escuela primaria ______________________. Luego estuve en la escuela secundaria ______________________. En el año ______ ingresé a la universidad ______________________, donde estoy estudiando __________________. En el futuro voy a ser un(a) famoso(a) __________________.

Capítulo 10

Dominicanos famosos

Junot Díaz es escritor, profesor y editor dominicano. Él es profesor de escritura creativa en el Instituto Tecnológico de Massachusetts (MIT). Además, es uno de los editores de la revista *Boston Review*. Nació en Santo Domingo en 1968, pero creció en Nueva Jersey. En 2008, recibió el Premio Pulitzer de Ficción por su obra *La maravillosa vida breve de Óscar Wao*. Sus obras se venden por el mundo entero.

David Ortiz apodado el "Big Papi" nació en Santo Domingo en 1975. Él es jugador de béisbol para los "Medias Rojas" de Boston y es uno de los más famosos bateadores de todos los tiempos. Ha sido nueve veces *All-Star*. En 2006 batió el récord de jonrones (con un total de 54) en una temporada regular dentro de su liga. Ortiz ocupa un lugar destacado en la lista de jonrones de todos los tiempos. ¡Gana un sueldo de 16 millones de dólares al año!

Oscar de la Renta, el famoso diseñador de moda, es dominicano. En 1960 se mudó a los Estados Unidos donde ganó fama internacional. Recibió importantes premios durante su carrera y diversificó sus creaciones a través de los años. El murió en 2014. Ha vestido a grandes celebridades como Madonna, Anne Hathaway, Scarlett Johansson, Penélope Cruz, Sarah Jessica Parker, Cameron Diaz y Shakira.

Dato curioso

Zoe Saldaña la bella actriz que ha trabajado en películas como *Piratas del Caribe*, *Star Trek* y *Avatar* tiene raíces hispanas. Su padre es dominicano y su madre puertorriqueña. Ella nació en Passaic, Nueva Jersey, pero a los 9 años se mudó a la República Dominicana. Regresó a los Estados Unidos durante sus últimos dos años de secundaria.

Capítulo 10

Ejercicio 13: contesta si la frase es verdadera o falsa **V** **F**

1. Junot Díaz enseña matemáticas en MIT. ____ ____
2. Sus obras se leen en todo el mundo. ____ ____
3. David Ortiz juega baloncesto. ____ ____
4. Ortiz gana quince millones al año. ____ ____
5. Oscar de la Renta es un diseñador de moda dominicano. ____ ____
6. De la Renta ha diseñado ropa para Madona, Shakira y Saldaña. ____ ____
7. Zoe Saldaña ha actuado en Piratas del Caribe. ____ ____
8. Saldaña se mudó a Nueva Jersey a los 9 años. ____ ____

Música

Juan Carlos Guerra es un cantautor dominicano. Él ha vendido más de 20 millones de discos y ha ganado numerosos premios, incluyendo 15 Grammy Latinos, 2 Grammy norteamericanos y 2 Premios Latin Billboard. Su música incluye merengue, bachata y baladas.

Ejercicio 14: subraya los verbos en el texto y señala cuáles están en presente y cuáles en pretérito indefinido

"La Bilirrubina" Juan Carlos Guerra
https://youtu.be/1EbWgZRbC9o

Oye, me dio una fiebre el otro día, por causa de tu amor, cristiana
Que fui a parar a enfermería sin yo tener seguro (d)e cama.

Y me inyectaron suero de colores, y me sacaron la radiografía
Y me diagnosticaron mal de amores, al ver mi corazón como latía.

Oye, y me trastearon hasta el alma con rayos equis y cirugía
Y es que la ciencia no funciona sólo tus besos, vida mía.

Ay negra, mira búscate un catéter, e inyéctame tu amor como insulina
Y dame vitamina de cariño, ¡eh! que me ha subido la bilirrubina

Me sube la bilirrubina. ¡Ay! me sube la bilirrubina
Cuando te miro y no me miras. ¡Ay! cuando te miro y no me miras
Y no lo quita la aspirina. ¡No! ni un suero con penicilina
Es un amor que contamina. ¡Ay! me sube la bilirrubina

Ay negra, mira búscate un catéter, e inyéctame tu amor como insulina
Vestido tengo el rostro de amarillo, y me ha subido la bilirrubina

Me sube la bilirrubina...

Escribe un texto utilizando el pretérito indefinido sobre: La biografía de tu padre o tu madre.

____

____

____

____

____

____

____

____

____

____

____

____

Otros enlaces:

- República Dominicana desde el aire https://youtu.be/G8wiuFVQRKc
- Short film "Shades of the Border" https://youtu.be/61ky5aICIXE
- Whale watching https://youtu.be/OZGCJMDPlsk
- Dominican Republic baseball https://youtu.be/FQss6XDSs1A
- Cassava bread preparation https://youtu.be/o4cJsiBTlzk
- The Taíno culture https://youtu.be/Bcv7-ipKErg?list=PL212271B74D06A7FE

Repaso capítulos 8, 9, 10

EL PROGRESIVO: escribe el gerundio de los verbos

1. Leer ____________________
2. Nadar ____________________
3. Ponerse ____________________
4. Reír ____________________
5. Secarse ____________________
6. Dormir ____________________

EL PROGRESIVO: escribe una oración en progresivo con los verbos anteriores

1. ____
2. ____
3. ____
4. ____
5. ____
6. ____

EL SUPERLATIVO: completa la oración utilizando el superlativo

1. El monte Everest es la montaña ______________________________
2. El Nilo es el río ______________________________
3. El Pacífico es el océano ______________________________
4. Asia es el continente ______________________________
5. Tokio es la ciudad ______________________________

EL COMPARATIVO: completa la oración utilizando el comparativo

1. Comer bien es ________ importante ________ hacer ejercicio. (=)
2. Jennifer López es ________ famosa ________ Shakira. (=)
3. Tim Robbins es ________ alto ________ Tom Cruise. (+)
4. Lucy Liu es ________ baja ________ Uma Thurman. (+)
5. Bill Gates es ________ inteligente ________ Stephen Hawking. (-)
6. Stephen Hawking es ________ rico ________ Bill Gates. (-)

Repaso capítulos 8, 9, 10

PRONOMBRES DE OJETO DIRECTO E INDIRECTO: completa el texto con el pronombre correcto

1. He escrito una carta a Ana. He querido escribir______ por su cumpleaños.
2. ¿Vosotros habéis tomado la leche? No, no hemos querido tomar______.
3. Le he dado 40 dólares a mi hijo. Tuve que dar_____ _____ ayer.
4. Hay que pagar la cuenta. Hay que pagar______ entre todos.
5. Los niños han comido helados. Han querido comer_____ _____ muy rápido.
6. Miguel ha comprado un regalo a su novia. Ha querido comprar_______ un par de aretes.
7. Rosa ha vendido sus joyas. Ha necesitado vender_______.
8. Le he leído un libro a mi hermanito. He tenido que leer _____ _____ para hacerlo dormir.

PRETÉRITO INDEFINIDO: conjuga el verbo

1. Nosotros ________________ al ajedrez. (jugar)
2. Mis padres ________________ de su viaje. (volver)
3. ¿Qué nota (tú) ________________ en el examen? (sacar)
4. ¿(Vosotros) ________________ las manos? (lavarse)
5. La profesora ________________ que no hay examen. (decir)
6. ¿Ya (vosotros) ________________? (comer)
7. Los chicos ________________ el partido. (terminar)
8. Esta mañana yo no ________________ mi cama. (hacer)
9. Esta mañana nosotros no ________________. (desayunar)
10. Todavía yo no ________________ el periódico. (leer)
11. ¿Ya ________________ al dentista? (ir)
12. ¿Tú ________________ muy temprano hoy? (levantarse)

Repaso capítulos 8, 9, 10

PRETÉRITO PERFECTO O INDEFINIDO: conjuga los verbos en la forma correcta

1. Esta semana tú __________________ mucha tarea. (tener)
2. Antes de ayer yo __________________ muy tarde a casa. (llegar)
3. Anoche __________________ toda la noche. (nevar)
4. Este verano __________________ poco. (llover)
5. El semestre pasado nosotros __________________ el presente. (aprender)
6. Nosotros ya __________________ el capítulo 10. (terminar)
7. Hasta ahora Sandra no __________________ la tarea. (hacer)
8. Los esposos Curie __________________ el radio. (descubrir)
9. En 1776 ____________________ la independencia de EE.UU. (ser)

VERBOS AUXILIARES: elije la opción correcta

1. ________ practicar mucho para aprender un idioma.
2. Nosotros ________ terminar nuestra cena
3. Mi hermano _________ fumar.
4. Yo ________ estudiar y veo tele.
5. Tú _______ ir al gimnasio todos los días.
6. Vosotras _______ llenar estos formularios.

a. ha dejado de
b. termino de
c. has empezado
d. hay que
e. debéis
f. acabamos de

Repaso capítulos 8, 9, 10

VOCABULARIO: completa el crucigrama

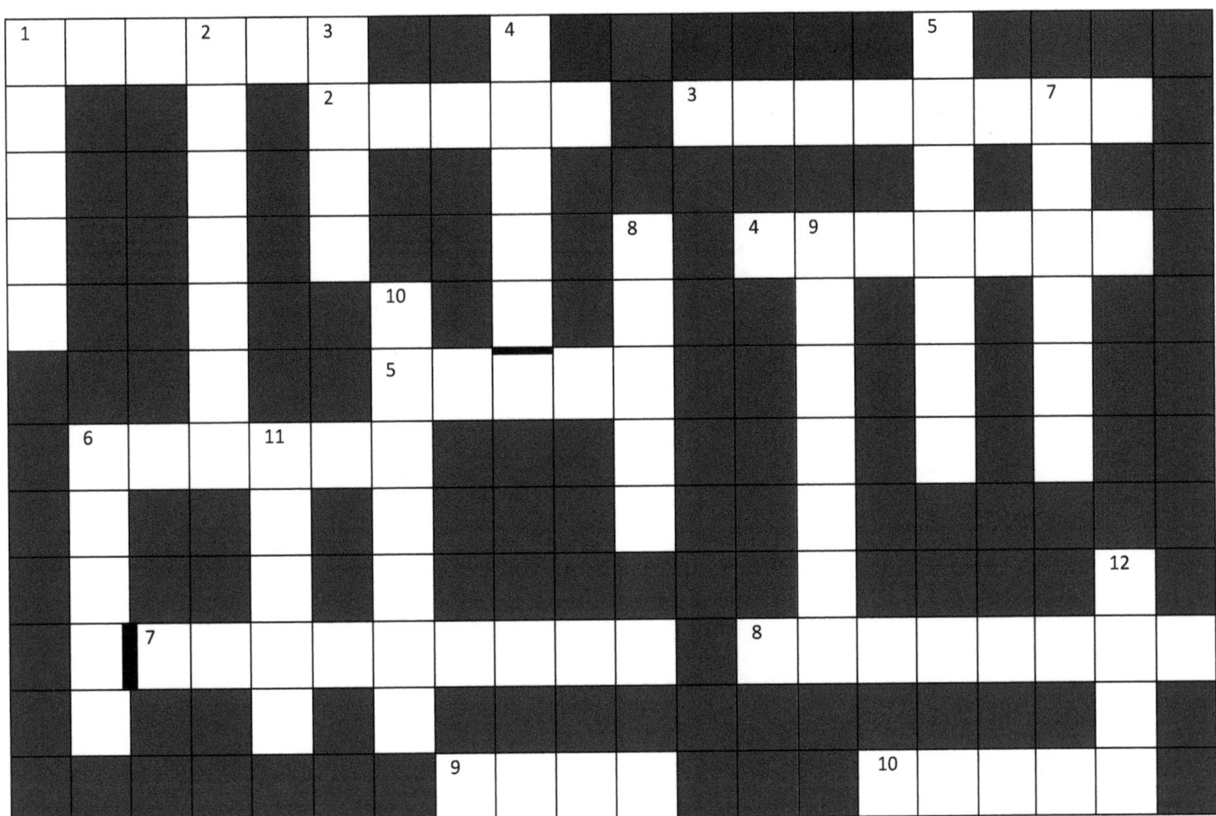

Horizontal:

1. Antónimo de paz
2. Antónimo de cerca
3. Antónimo de últimos
4. Antónimo de también
5. Antónimo de diferente
6. Antónimo de pequeño
7. Antónimo de aburrido
8. Significa "you plural" en inglés
9. Antónimo de bueno
10. Antónimo de moreno

Vertical:

1. Antónimo de delgado
2. Antónimo de pobreza
3. Antónimo de bajo
4. Antónimo de largo
5. Antónimo de antes
6. Antónimo de perder
7. Antónimo de claro
8. Antónimo de frío
9. Antónimo de cerrado
10. Antónimo de nunca
11. Antónimo de viejo
12. Antónimo de mucho

Capítulo 11

Argentina

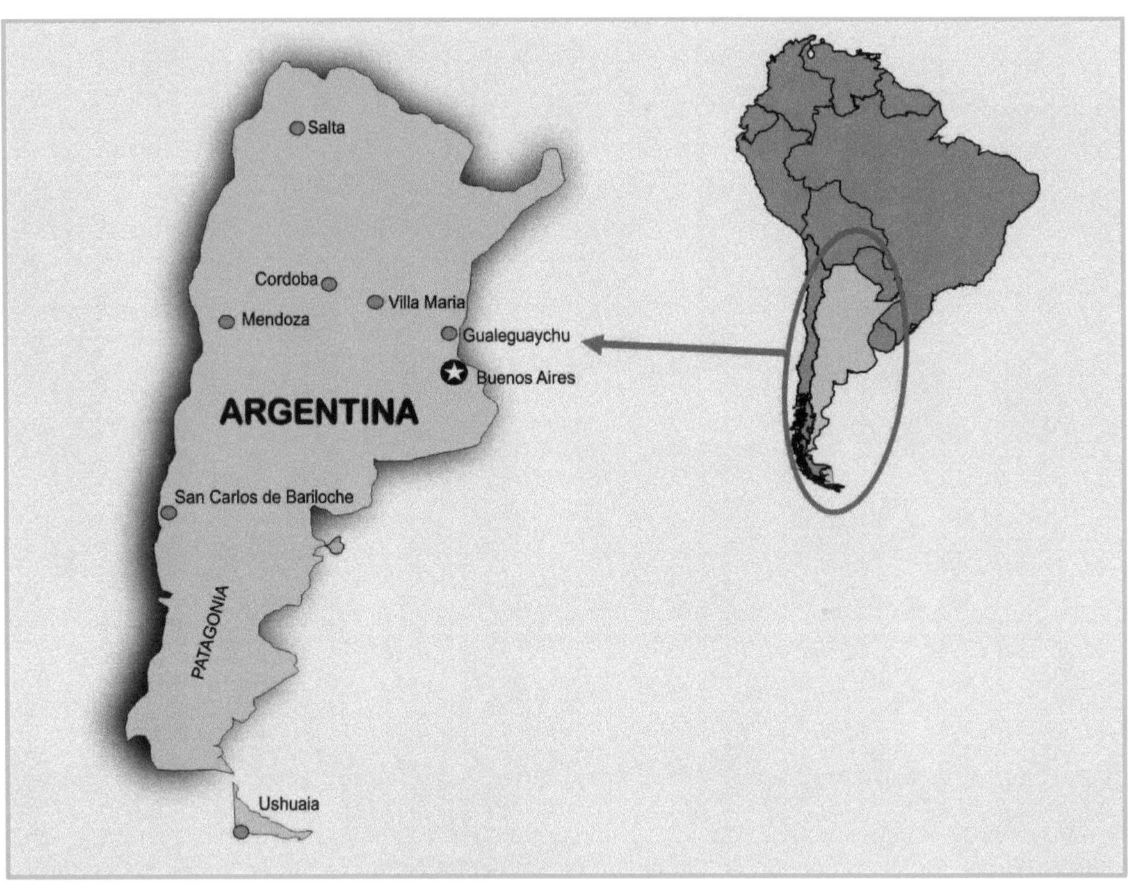

ARGENTINA

Capital:	Buenos Aires
Ciudades importantes:	Mendoza, Córdoba
Lengua oficial:	español
Moneda:	el peso argentino
Población:	41.4 millones
Clima:	templado en general, polar en La Patagonia
Productos:	los cereales, la carne de res
Plato típico:	el asado
Lugares turísticos:	Bariloche, Cataratas de Iguazú
Música típica:	el tango

¿Y tú cómo te sientes?

VERBO SENTIR(SE)

The verb "sentir" (to feel) can be used in its non-reflexive form with substantives and it is used in its reflexive form "sentirse" with adjectives.

- Sentir + substantive   Siento/sientes...   dolor
miedo
ansiedad
frustración
ilusión
entusiasmo
alegría
tristeza
...
- Sentirse + adjective   Me siento/te sientes...   bien
mal
fatal
mejor
peor
alegre
triste
frustrado
ilusionado
...

Verbo SENTIRSE

yo	**me**	siento
tú	**te**	sientes
él/ella/usted	**se**	siente
nosotros/nosotras	**nos**	sentimos
vosotros/vosotras	**os**	sentís
ellos/ellas/ustedes	**se**	sienten

Capítulo 11

Ejercicio 1: observa la información de tu tabla y construye frases usando SENTIR (con sustantivos) o SENTIRSE (con adjetivos). Sigue el ejemplo. Compara tus respuestas con las de tu compañero.

ESTUDIANTE A

Hoy yo me siento mal.
En una película de terror ...
En la playa ...
Antes de un examen ...
Después de una carrera ...
En un avión ...
Cuando estoy con mi familia ...
Cuando estoy con mis amigos ...
En las montañas ...
Antes de un viaje ...
En el doctor ...

nervios
alegre
cansancio
asustado
tranquilo
felicidad
~~mal~~
preocupación
ansioso
calor
ilusionado

ESTUDIANTE B

Hoy yo siento dolor de cabeza.
En una película de terror ...
En la playa ...
Antes de un examen ...
Después de una carrera ...
En un avión ...
Cuando estoy con mi familia ...
Cuando estoy con mis amigos ...
Antes de un viaje ...
En las montañas ...
En el doctor ...

preocupado
nervioso
miedo
alegría
paz
cansado
~~dolor de cabeza~~
feliz
ilusión
caliente
ansiedad

VERBO DOLER

There are a few verbs in Spanish that are not conjugated like others, instead of using the subject pronouns (yo, tú, él, ella…) they are preceded by the indirect object pronouns: me, te, le, nos, os, les. The verb "gustar" is the most common of these verbs. The verb "doler" (to hurt) follows the gustar rule.

Ex.	Me duele el pie.	(My foot hurts.)
	Me duelen los pies.	(My feet hurt.)

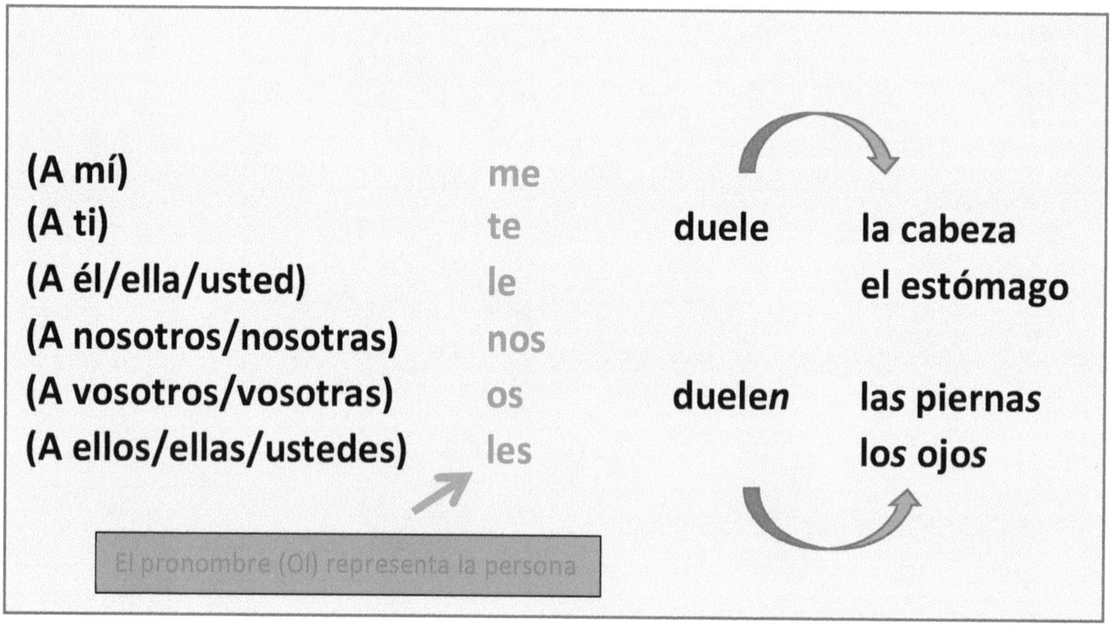

(A mí)	me		
(A ti)	te	**duele**	**la cabeza**
(A él/ella/usted)	le		**el estómago**
(A nosotros/nosotras)	nos		
(A vosotros/vosotras)	os	**duele*n***	**la*s* pierna*s***
(A ellos/ellas/ustedes)	les		**lo*s* ojo*s***

El pronombre (OI) representa la persona

Enlace 1: https://youtu.be/KLo_dDVrEa4
Verbo doler

Capítulo 11

Ejercicio 2: ¿Qué le duele?

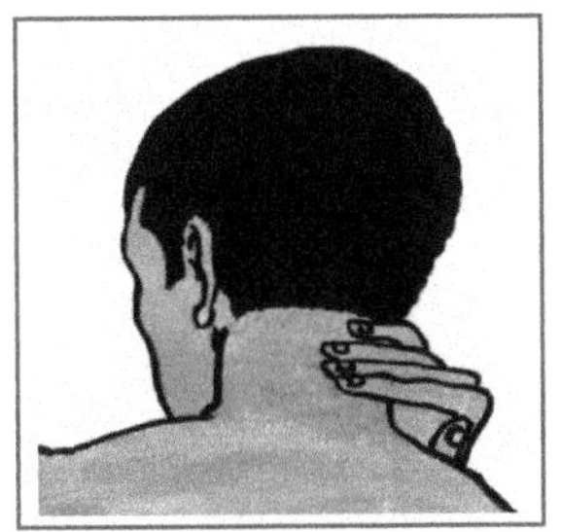 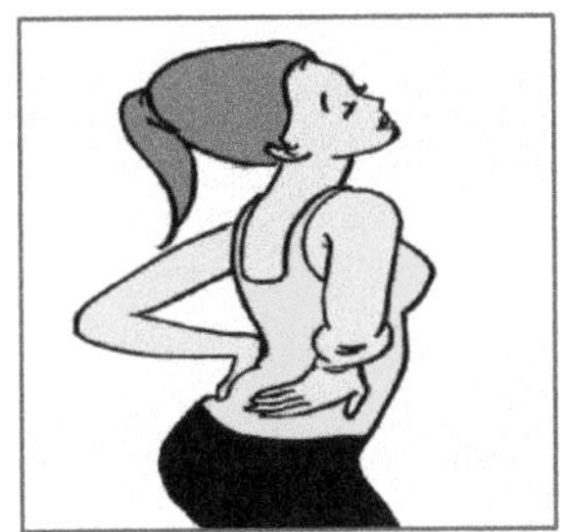 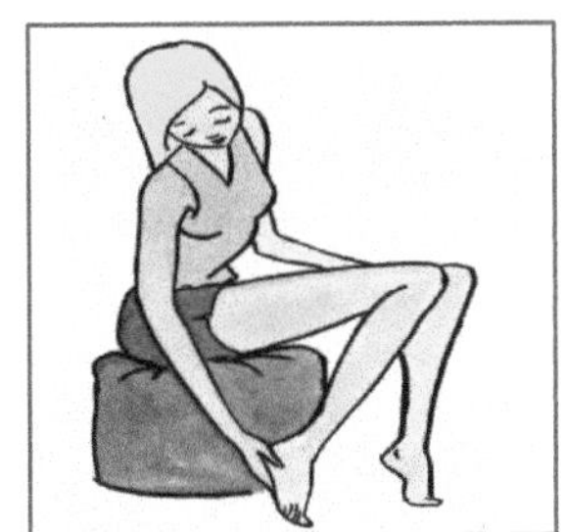

Ejercicio 3: conversa con tu compañero. Conjuguen el verbo DOLER y completen la frase con la recomendación correcta. Sigan el ejemplo.

A mí me duele la cabeza.	Debe ir al terapista.
A mi hermano ... el cuello.	Debéis dejar de nadar.
A Josefa ... el estómago.	Tiene que usar gafas.
A ti ... el cuerpo y tienes fiebre.	Debes usar zapatos más cómodos.
A nosotros ... las piernas.	Debe tomar una infusión.
Al señor Pérez ... los ojos.	Necesitan un buen masaje.
¿A vosotros ... los oídos?	~~Debo tomar una aspirina.~~
A mi hijo ... el diente.	No debemos correr este fin de semana.
¿A ti ... los pies?	Tengo que llevarlo al dentista.
A mí ... la garganta.	Debo tomar miel con limón.
A ellos ... la espalda.	Debes descansar y tomar mucha agua.

Hola, mis padres se irán de viaje

Ejercicio 4: ¿en qué tiempo verbal están los verbos?

Capítulo 11

FUTURO: VERBOS REGULARES

The conjugation of the future tense in Spanish has the same ending for all verb forms: –ar –er and –ir.

	HABLAR	VIAJAR	TRABAJAR	CANTAR
yo	hablar**é**	viajar____		
tú	hablar**ás**	viajar_____		
él / ella / usted	hablar**á**	viajar_____		
nosotros /as	hablar**emos**	viajar_____		
vosotros / as	hablar**éis**	viajar_____		
ellos/ellas/Uds.	hablar**án**	viajar_____		

	BEBER	COMER	APRENDER	LEER
yo	beber**é**	comer_____		
tú	beber**ás**	comer_____		
él / ella / usted	beber**á**	comer_____		
nosotros /as	beber**emos**	comer_____		
vosotros / as	beber**éis**	comer_____		
ellos/ellas/Uds.	beber**án**	comer_____		

	VIVIR	ABRIR	ESCRIBIR	COMPARTIR
yo	vivir**é**	abrir_____		
tú	vivir**ás**	abrir_____		
él / ella / usted	vivir**á**	abrir_____		
nosotros /as	vivir**emos**	abrir_____		
vosotros / as	vivir**éis**	abrir_____		
ellos/ellas/Uds.	vivir**án**	abrir_____		

Enlace 2: https://youtu.be/QlxF6f5hQxc
Verbos en futuro

Capítulo 11

Ejercicio 5: observa la información de tu tabla, elige el verbo adecuado para completar la frase y conjúgalo en el FUTURO. Sigue el ejemplo. Compara tus respuestas con las de tu compañero.

ESTUDIANTE A

Amanda viajará	llegar	*a Europa el próximo año.*
Yo ...	~~viajar~~	a Nueva York con mis hermanos.
Mi madre ...	cantar	tarde al trabajo.
Vosotros ...	cumplir	en la cafetería de la escuela.
Nosotros ...	mudarse	el tiempo "futuro" para el examen.
Mis amigos ...	jugar	en el concierto.
Yo ...	ganar	19 años en un mes.
¿Tú	ir	voleibol el sábado?
Ellas ...	estudiar	el campeonato este fin de semana.
¿Cuándo (nosotros)	comer	a comer al restaurante nuevo?

ESTUDIANTE B

Amanda trabajará	bailar	*en Buenos Aires el próximo mes.*
Yo ...	llamar	a tu madre mañana.
Mi madre ...	conocer	en su cama.
Vosotros ...	despertarse	vuestros regalos en Navidad.
Nosotros ...	beber	español con los argentinos.
Mis amigos ...	~~trabajar~~	muy temprano mañana.
Yo ...	desayunar	mucho en la fiesta.
¿Tú	abrir	a tus padres para invitarlos a cenar?
Ellas ...	llevar	mucha agua después del partido.
Nosotros	practicar	el vino a la fiesta.

Capítulo 11

FUTURO: VERBOS IRREGULARES

Few Spanish verbs are irregular in the future tense. The irregular verbs change in the stem, but the endings remain the same.

Stem changing verbs:

caber	→ cabr-	querer	→ querr-
decir	→ dir-	saber	→ sabr-
haber	→ habr-	salir	→ saldr-
hacer	→ har-	tener	→ tendr-
poder	→ podr-	valer	→ valdr-
poner	→ pondr-	venir	→ vendr-

Ejercicio 6: completa la tabla

	DECIR	HACER	PODER	TENER
yo	dir**é**	har_____		
tú	dir**ás**	har_____		
él / ella / usted	dir**á**	har_____		
nosotros /as	dir**emos**	har_____		
vosotros / as	dir**éis**	har_____		
ellos/ellas/Uds.	dir**án**	har_____		

Ejercicio 7: completa los verbos en futuro

1. Carlos ______________ (tener) 17 años en febrero.
2. Muchos invitados ________________ (venir) a la fiesta.
3. ¿Qué (vosotros) _________________ (hacer) este fin de semana?
4. ¿A qué hora (tú) _______________ (salir) hoy del trabajo?
5. ¿Vamos al cine o al teatro? Ustedes _________________ (decir).
6. Marta ____________________ (ponerse) un vestido largo para el matrimonio.

Enlace 3: https://youtu.be/IWJ3cluipBg
Verbos irregulares en futuro

Capítulo 11

Desde Buenos Aires

Querida Hanne:

Buenos Aires es una ciudad espectacular con casi 500 años de historia. Fue fundada en 1536 y con el tiempo se convirtió en capital del Virreinato de la Plata.

Buenos Aires tiene un ambiente europeo, es una capital cosmopolita con una vibrante vida nocturna. Su centro, la Plaza de Mayo, es del siglo 16 y ahí está la Casa Rosada. La calle Florida es una elegante calle comercial con un kilómetro de tiendas. La Boca es un barrio colorido y encantador al lado del antiguo puerto de Buenos Aires. Ese barrio es sinónimo de tango y de fútbol. En los próximos días visitaremos San Telmo, Recoleta, Palermo y también haremos un crucero por el Tigre.

Nos sentimos muy contentos de haber hecho este viaje.

Besos, Papá y Mamá

Ejercicio 8: señala los verbos que están en futuro

¡Gooooooool!

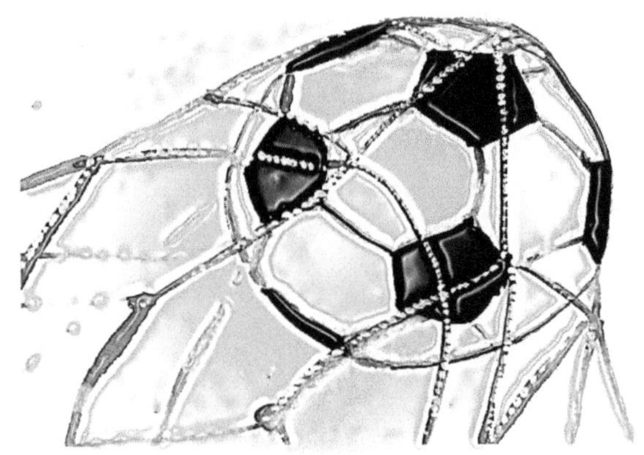

El fútbol es el deporte más popular en muchos países iberoamericanos, pero para los argentinos es casi un culto. En Argentina los dos ídolos máximos han sido: Diego Maradona y Lionel Messi. Argentina ha ganado en dos ocasiones la copa mundial de fútbol y en otras tres quedó en segundo lugar.

Este deporte nivela en el estadio la gran diferencia entre las clases sociales. Si eres hincha de un equipo, te sientes amigo de todos los otros hinchas. Los espectadores encuentran solidaridad y lealtad y se sienten importantes apoyando a sus equipos. Las hinchadas exhiben sus banderas, himnos y eslóganes.

La pronunciación del gooooooooooool es el clímax del fútbol, momento que va seguido de un festejo comunitario. En Suramérica los partidos de fútbol se comentan mucho entre la gente, aún con personas desconocidas. Las celebraciones en algunos casos llegan a una euforia colectiva.

Los dos equipos más populares de Argentina son el Boca Juniors y el River Plate, ambos clubes son de Buenos Aires. Entre estos dos equipos se juega el "superclásico" en el estadio La Bombonera. Este partido es tan famoso que no sólo se transmite a nivel nacional, sino que es también visto a nivel internacional. Según el periódico inglés *The Observer* este partido es uno de los espectáculos deportivos que hay que ver antes de morir.

Ejercicio 9: contesta las preguntas basado en el texto "¡Goooooooooooool!"

1. ¿Qué sienten los argentinos por Maradona y Messi?

   ____

2. ¿Cómo se sienten los hinchas de un equipo ante los otros hinchas?

   ____

3. ¿Cómo se sienten los fanáticos en la cancha?

   ____

4. ¿Qué sienten los hinchas cuando escuchan el grito de gooooooooool?

   ____

6 películas argentinas nominadas al Oscar

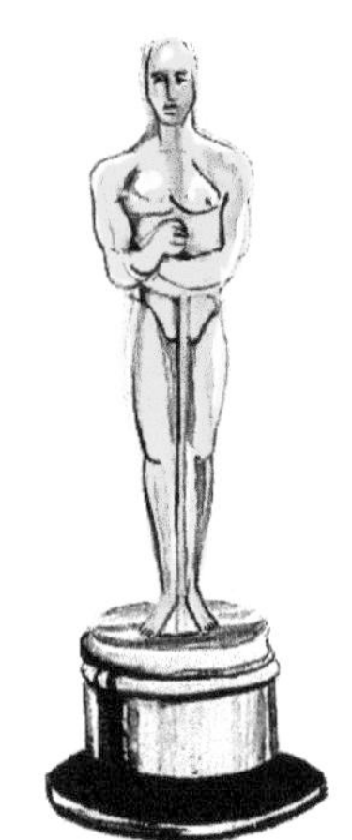

Ejercicio 10: conversa con tu compañero. Hazle preguntas sobre la información que falta en tu cuadro:

¿Quién es el director de la película...?
¿A qué Oscar es nominada la película...?
¿En qué año es nominada al Oscar la película...?
¿Gana o no gana?

ESTUDIANTE A

PELÍCULA	DIRECTOR	NOMINACIÓN	AÑO
La tregua		Mejor película extranjera	
Camila	María Luisa Bemberg	Mejor película extranjera	
La historia oficial	Luis Puenzo		1986 gana
El hijo de la novia		Mejor película extranjera	
El secreto de sus ojos	Juan José Campanella	Mejor película extranjera	
Relatos salvajes	Damián Szifron		2015

ESTUDIANTE B

PELÍCULA	DIRECTOR	NOMINACIÓN	AÑO
La tregua	Sergio Renán		1974
Camila		Mejor película extranjera	1985
La historia oficial		Mejor película extranjera Mejor guión	
El hijo de la novia	Juan José Campanella	Mejor película extranjera	2001
El secreto de sus ojos	Juan José Campanella		2010 gana
Relatos salvajes		Mejor película extranjera	

Capítulo 11

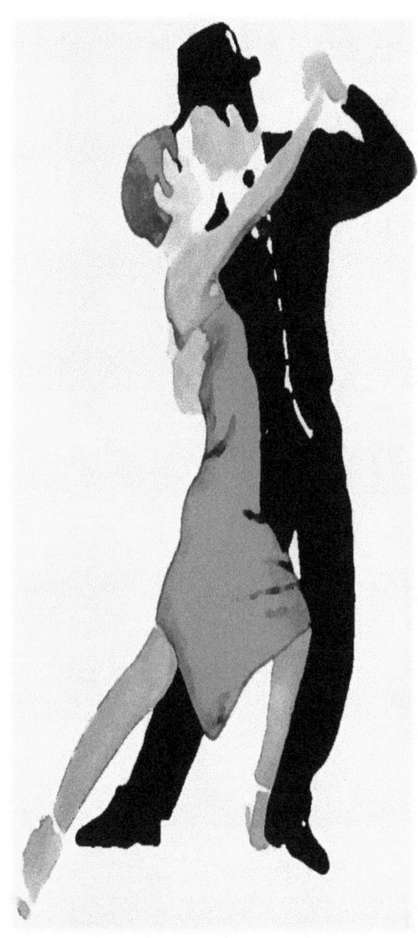

El tango nació en el puerto de Buenos Aires, a orillas del Río de la Plata, alrededor de 1880 y rápidamente se extendió a los barrios humildes y populares del sur de la ciudad.

En aquella época, los argentinos e inmigrantes bailan polkas, pasodobles y valses, y los inmigrantes negros bailan candombes. El "tango arrabalero" surge de la mezcla de todos esos bailes.

El tango escandalizó a la sociedad de la época por bailarse con los cuerpos muy juntos. El tango fue condenado por la iglesia y prohibido por la policía por incitar al escándalo, así que se bailó en sitios ocultos. Los estratos más conservadores lo concibieron un baile vulgar y fue marginado socialmente por mostrar la sensualidad y el placer.

Los instrumentos que acompañan las canciones son el violín, la guitarra y la flauta. El bandoneón llega a finales del siglo 19 y sustituye a la flauta. Los argentinos que viajan a París llevan el tango a ese país. Al principio es visto como un baile curioso y luego causa furor. Su éxito en Europa hizo triunfar este baile en Argentina a pesar de toda la oposición inicial.

Ejercicio 11: es el año 1879 y estás prediciendo el FUTURO del "El tango"

El tango ________________ (nacer) en 1880 en el puerto de Buenos Aires y se ________________ (extender) a los barrios humildes. El tango ________________ (surgir) de la mezcla de varios bailes. Este nuevo baile ________________ (escandalizar) a la sociedad, ________________ (ser) condenado por la Iglesia y la policía lo ________________ (prohibir). Por ello, se ________________ (bailar) en sitios ocultos. El bandoneón ________________ (llegar) a ser el instrumento mítico de esta música. El tango ________________ (lograr) causar furor en Europa y finalmente ________________ (triunfar) en Argentina.

Un poco de historia: las Madres de la Plaza de Mayo

Argentina ha sufrido guerras civiles, golpes de estado, revoluciones, gobiernos radicales y conservadores. Pero la peor época en su historia fue la dictadura militar que gobernó el país entre 1976 y 1983. Las consecuencias de esos años de dictadura fueron terribles: miles de muertos y desaparecidos; centenares de miles de exiliados; y una política económica que benefició a ciertos grupos locales y que produjo mucha pobreza dentro del país.

En 1977 un grupo de madres comenzaron a reunirse cada jueves en la Plaza de Mayo. Juntas marcharon en manifestaciones no violentas repitiendo: "Queremos a nuestros hijos. Queremos saber dónde están." Las Madres de Plaza de Mayo se convirtieron en un símbolo de la lucha por la aclaración del destino de todos los desaparecidos. Las Madres de Plaza de Mayo lograron reconocimiento mundial en 1978 y compartieron con todos los organismos de derechos humanos el reclamo común: la aparición con vida de los detenidos-desaparecidos y el juicio y castigo de todos los culpables.

El triunfo del líder radical Raúl Alfonsín (1983-1989) promovió la primera investigación sobre los crímenes cometidos durante la dictadura que permitió que fueran juzgados muchos militares responsables de crímenes.

Ejercicio 12: conversa con tu compañero. Hazle preguntas sobre el texto.

1. ______________________________

2. ______________________________

3. ______________________________

4. ______________________________

Capítulo 11

Argentinos famosos

Eva Perón, conocida como Evita, nació en Los Toldos en 1919, parte de una familia pobre. Se mudó a Buenos Aires donde tuvo cierto éxito como actriz. En 1945 se casó con Juan Perón, quien se convirtió en presidente de la Argentina el año siguiente. Eva Perón utilizó su posición como primera dama para luchar por el sufragio femenino y los derechos del trabajador, también realizó una gran obra social de mejora de la vida de los pobres. Se convirtió en una figura legendaria en la política argentina. Murió en 1952 y tuvo un funeral digno de un jefe de estado. Tras su muerte se declararon tres días de paro y el gobierno estableció un duelo nacional de 30 días. La vida de Evita continúa fascinando al mundo y ha sido objeto de innumerables libros, películas y obras de teatro.

Jorge Luis Borges fue un escritor argentino y una figura clave de la literatura en lengua española. Escribió cuentos, ensayos y poesía. Sus libros más conocidos, *Ficciones* y *El Aleph,* son colecciones de cuentos interconectados por temas comunes: sueños, laberintos, bibliotecas, espejos, los escritores de ficción, la filosofía y la religión. Es considerado uno de los escritores más importantes del siglo 20 a nivel mundial. Las obras de Borges han contribuido a la literatura filosófica y al género fantástico.

Julio Cortázar fue una de las grandes figuras del "boom" de literatura hispanoamericana. Sus obras tienen un marcado carácter experimental, que lo convierten en uno de los mayores innovadores de la lengua y la narrativa en lengua castellana. Las rupturas de los órdenes cronológico y espacial sacan al lector de su punto de vista convencional. Su novela *Rayuela* (1963) es reconocida como su obra maestra. Cortázar además tuvo una preocupación social, se identificó con las clases marginadas y estuvo muy cerca de los movimientos de izquierdas.

Ejercicio 13: contesta si la frase es verdadera o falsa

	V	F
1. Evita fue muy pobre de niña.	____	____
2. Evita se convirtió en presidente de Argentina.	____	____
3. Jorge Luis Borges escribió novelas.	____	____
4. Su obra ha contribuido al género fantástico.	____	____
5. Julio Cortázar es un escritor experimental.	____	____
6. La obra maestra de Cortázar es *El Aleph*.	____	____

Mambrú es un grupo argentino de música pop. Tuvieron éxito local e internacional desde 2002 hasta 2005, cuando se separaron. En total, lanzaron 3 álbumes.

Ejercicio 14: completa las expresiones de frecuencia en el texto

"A veces" Mambru
https://youtu.be/61Knlr3FPpQ

A veces gano, a veces no,
___________ duermo, a veces no
no ___________ vuelo ni llego primero
y __________ toco las puertas del cielo
pero esta noche me quedo con vos.

A veces tengo, ___________ no
soy sobre todo un soñador
de lo vivido estoy convencido
que de lo bueno no ___________ he aprendido
pero ___________ me quedo con vos.

Puede ser que esta vez mi destino le gane a mis cartas
y la balanza me cansó y __________ gano yo y mi confianza.
Puede ser que ___________ el pirata se tome revancha
porque el barco no se hundió y mi corazón no dice basta.

A veces llamo, ___________ no
a veces guardo, y a veces doy
a contramano de mis deseos
la buena suerte esquiva mi anzuelo
pero ___________ me quedo con vos.

A veces miro, a veces no
a veces vengo, pero no estoy
en la cornisa de las promesas
___________ reina se sienta en mi mesa
pero ___________ me quedo con vos.

Puede ser...

Capítulo 11

Escribe un texto utilizando el tiempo futuro:
¿Qué planes tienes para las vacaciones?

Otros enlaces:

- 10 Things to Do in Argentina https://youtu.be/W-6-c0cZbJM
- Buenos Aires http://www.youtube.com/watch?v=F2sepCUnENg
- Carlos Fuentes talks about tango https://youtu.be/BB1wNnYHbg8
- Mothers of Plaza de Mayo: 35 years of struggle https://youtu.be/4zDVABFZuIQ
- Futbol argentino https://www.youtube.com/watch?v=qzPRYtQnb3w
- Argentine Tango with football https://youtu.be/md_XvxNI680
- Eva Perón http://www.youtube.com/watch?v=Zu0p04Z2yzQ

Capítulo 12

Perú

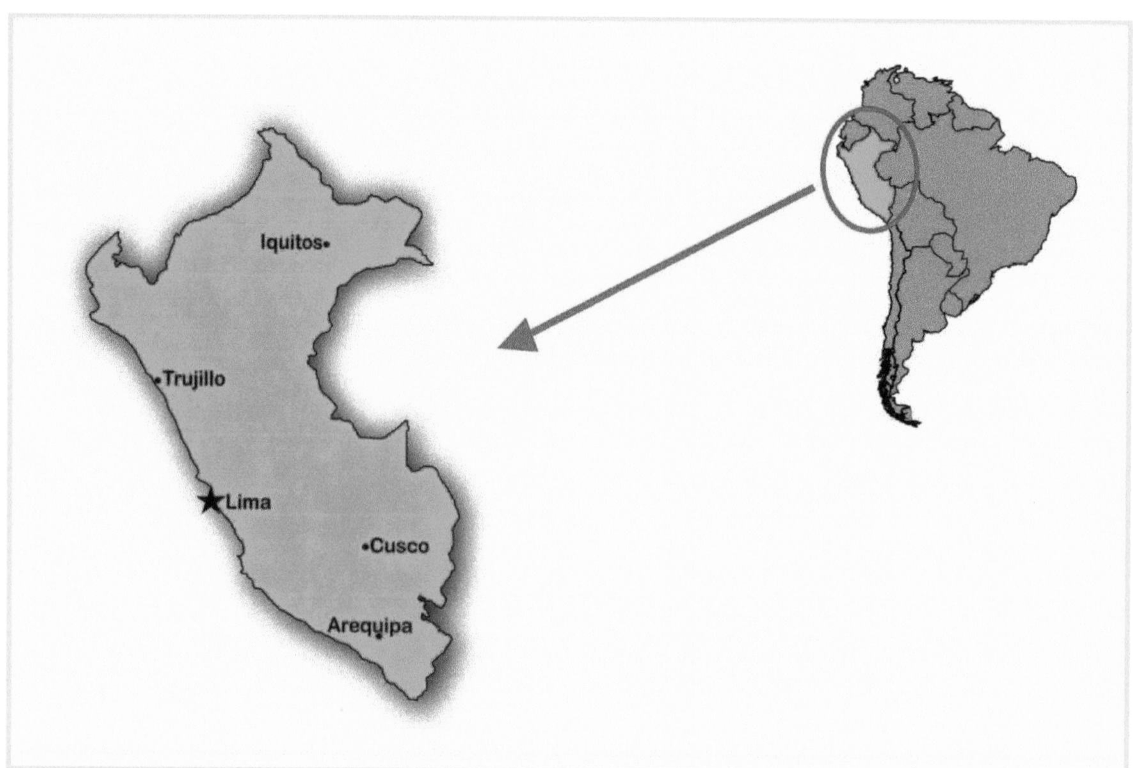

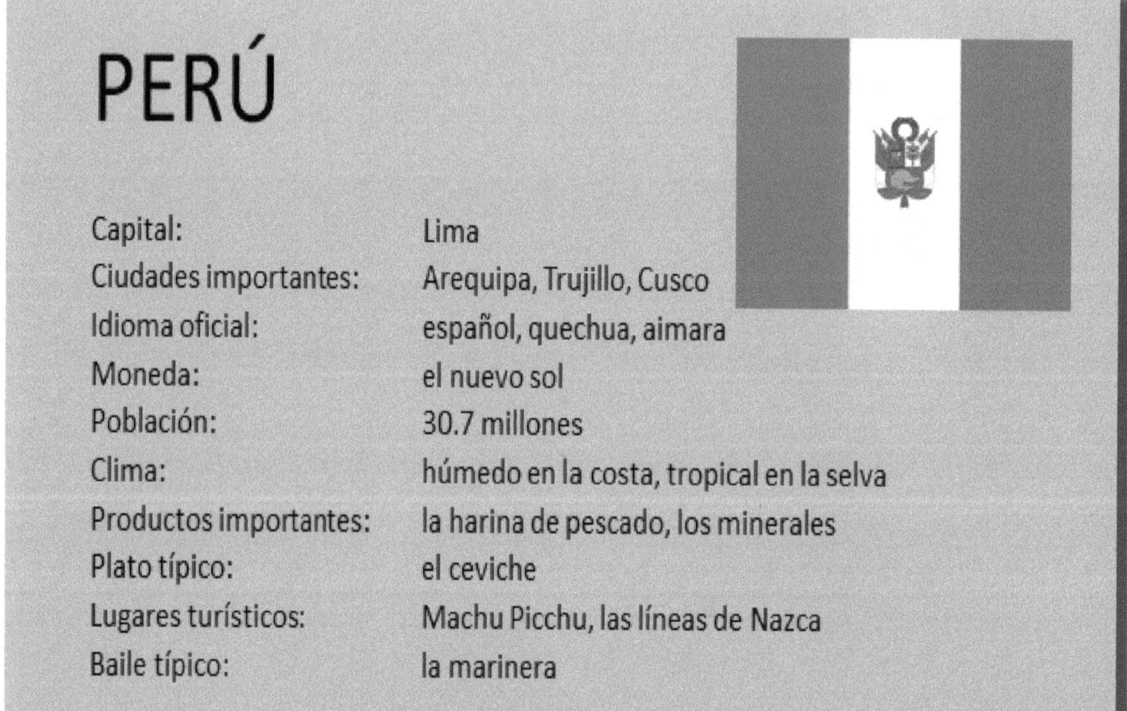

PERÚ

Capital:	Lima
Ciudades importantes:	Arequipa, Trujillo, Cusco
Idioma oficial:	español, quechua, aimara
Moneda:	el nuevo sol
Población:	30.7 millones
Clima:	húmedo en la costa, tropical en la selva
Productos importantes:	la harina de pescado, los minerales
Plato típico:	el ceviche
Lugares turísticos:	Machu Picchu, las líneas de Nazca
Baile típico:	la marinera

Capítulo 12

¿Qué te gustaría hacer?

Ejercicio 1: ¿en qué tiempo verbal están los verbos?

Capítulo 12

EL CONDICIONAL

The conditional is used to express probability, possibility, wonder or conjecture, and is usually translated as would, could, must have or probably.

Ex. Viajaríamos en mayo. (probability, possibility)
Isabel dijo que estudiaría una hora más. (probability, possibility)
¿Estaría en casa a las 8 pm? (wonder)
Serían las 11 pm cuando llegamos a casa. (conjecture)

- The conjugation of the conditional has the same ending for all verb forms: -ar, -er and -ir

- The conditional form of the verbs "gustar", "querer" and "poder" is also used to express a wish or a formal or polite request.

Ex. ¿Tú me podrías hacer un favor? (polite request)
Me gustaría ir a Brasil en el carnaval. (wish)

	HABLAR	SER	VIVIR	CANTAR
yo	habla**ría**	ser_____	vivir_____	
tú	habla**rías**	ser_____	vivir_____	
él / ella / usted	habla**ría**	ser_____	vivir_____	
nosotros / as	habla**ríamos**	ser_____	vivir_____	
vosotros / as	habla**ríais**	ser_____	vivir_____	
ellos/ellas/Uds.	habla**rían**	ser_____	vivir_____	

Enlace 1: https://youtu.be/9ctJ6I-4NJ8
El condicional

Capítulo 12

EL CONDICIONAL: VERBOS IRREGULARES

Few Spanish verbs are irregular in the conditional. The irregular verbs change in the stem, but the endings remain the same. Please, notice that these stem changing verbs are the same as in the future tense.

Stem changing verbs:

caber	→ cabr-	querer	→ querr-
decir	→ dir-	saber	→ sabr-
haber	→ habr-	salir	→ saldr-
hacer	→ har-	tener	→ tendr-
poder	→ podr-	valer	→ valdr-
poner	→ pondr-	venir	→ vendr-

	DECIR	**HACER**	**PONER**	**SALIR**
yo	dir**ía**	har_____	pondr_____	saldr_____
tú	dir**ías**	har_____	pondr_____	saldr_____
él / ella / usted	dir**ía**	har_____	pondr_____	saldr_____
nosotros / as	dir**íamos**	har_____	pondr_____	saldr_____
vosotros / as	dir**íais**	har_____	pondr_____	saldr_____
ellos/ellas/Uds.	dir**ían**	har_____	pondr_____	saldr_____

Ejercicio 2: completa la tabla

	TENER	**QUERER**	**PODER**	**HABER**
yo				
tú				
él / ella / usted				
nosotros /as				
vosotros / as				
ellos/ellas/uds.				

Capítulo 12

Ejercicio 3: observa la información de tu tabla, elige el verbo apropiado para completar la frase y conjúgalo en el CONDICIONAL. Sigue el ejemplo. Compara tus respuestas con las de tu compañero.

ESTUDIANTE A

¿(A ti) te gustaría	preferir	*tomar una cerveza bien fría?*
¿Cuándo (usted) …	~~gustar~~	viajar?
¿Nos …	poder	dos cafés, por favor?
Yo …	gustar	que pensarlo.
Nosotros …	tener	no ir a la fiesta.
¿Vosotros …	encantar	ayudarme?
A nuestros padres …	hacer	ir a Madrid el próximo mes.
A mí …	desear	visitar Barcelona.
¿Tú …	querer	telefonearme más tarde?
¿	servir	calor en Perú?

ESTUDIANTE B

¿(A ti) te interesaría	practicar	*ir a una exposición de arte?*
¿(Usted) …	~~interesar~~	llegar antes de las 8?
¿Nos …	tener	dos ensaladas, por favor?
Yo …	apetecer	salir pero no puedo.
Nosotros …	hacer	juntos esta noche si tuviésemos dinero.
Vosotros …	gustar	que ir a la fiesta.
A nuestros padres …	poder	ir a cenar al nuevo restaurante.
A mí …	querer	comer temprano.
¿Tú …	servir	español conmigo?
¿	salir	buen tiempo en España?

Capítulo 12

ORACIONES CON SI

If clauses indicate possibilities. They are conditional sentences whose outcome may or may not become reality. The verb of the main clause can be used in the present, future or imperative tense.

- The conditional sentences have two parts: the condition, or "si" clause, and the main or result clause. This last part indicates what will happen if the condition of the "si" clause is met.

Ex.	Si llueve, no jugamos tenis.	(present tense)
	Si no duermes, irás cansado al trabajo.	(future tense)
	Si llegas a casa a las 7, llámame.	(imperative tense)

- The two parts of the conditional sentences are interchangeable, that is the main clause can be placed first and the condition after.

Ex. No jugamos tenis si llueve.
Irás cansado al trabajo si no duermes.
Llámame si llegas a casa a las 7.

- When the "si" clauses are used to give advice, the main clause usually is preceded by the following verbal periphrasis: tener que / deber / hay que / lo mejor es / es bueno

Ex. Si quieres adelgazar, tienes que hacer ejercicio.
Si no podéis dormir, es bueno tomar leche caliente.
Si estás resfriado, lo mejor es beber un té con limón.

Ejercicio 4: da un consejo

1. Si necesitas despertarte a las 5, __________________ acostarte temprano.
2. Si te molestan los ojos, ______________________ usar gafas.
3. Si te duele el diente, ______________________ ir al dentista.
4. Si os duele el estómago, ____________________ tomar una té caliente.
5. Si te duele la espalda, ____________________ nadar.
6. Si estáis resfriados, no ____________________ ir a la fiesta.
7. Si quieres adelgazar, _________________ comer menos.

Capítulo 12

Ejercicio 5: observa la información de tu tabla, elige el verbo apropiado para completar la frase. Conjuga el verbo de la cláusula principal: el estudiante "A" conjuga en PRESENTE y el estudiante "B" en FUTURO. Sigue el ejemplo. Compara tus respuestas con las de tu compañero.

ESTUDIANTE A

Si vamos al cine, compramos	escoger	*palomitas.*
Si nieva, ellos ...	recoger	a esquiar.
Si quieres salir a cenar, tú ...	ir	el restaurante.
Si Marcela viene, nosotras ...	deber	la nueva película.
Si mi madre sale temprano, ella nos ...	~~comprar~~	.
Si Usted va a la oficina, ...	salir	llamar al Sr. Pérez.
Si llueve, de todas maneras yo ...	ver	a correr.
Si estoy tarde, ustedes ...	despertar	a cenar.
Si no te acuestas ahora, no	empezar	a tiempo.
Si te gusta el arte,	poder	ir al museo conmigo.

ESTUDIANTE B

Si vamos al cine, compraremos	escoger	*palomitas.*
Si nieva, ellos ...	recoger	a esquiar.
Si quieres salir a cenar, tú ...	ir	el restaurante.
Si Marcela viene, nosotras ...	deber	la nueva película.
Si mi madre sale temprano, ella nos ...	~~comprar~~	.
Si usted va a la oficina, ...	salir	llamar al Sr. Pérez.
Si llueve, de todas maneras yo ...	ver	a correr.
Si estoy tarde, ustedes ...	despertar	a cenar.
Si no te acuestas ahora, no	empezar	a tiempo.
Si te gusta el arte,	poder	ir al museo conmigo.

Capítulo 12

Hola, ¿has visto mis gafas?

Ejercicio 6: ¿qué significan las palabras en negrita?

Capítulo 12

EXPRESIONES DE LUGAR

La pelota está…

entre

al lado de

cerca de

lejos de

debajo de

encima de

a la derecha de

a la izquierda de

detrás de

delante de

enfrente de

dentro de

Enlace 2: https://www.youtube.com/watch?v=pscQdqVKvx4
Expresiones de lugar

Capítulo 12

Ejercicio 7: elige la opción correcta

1. La bailarina baila encima / delante del público.
2. La librería está frente a / debajo de la escuela.
3. Las señoras están haciendo ejercicios entre / dentro de la piscina.
4. Vive a la derecha / dentro de la panadería.
5. El mercado está detrás / encima de la iglesia.
6. Barcelona está cerca / a la izquierda de Francia.
7. Mi padre come al lado / dentro de mi madre.
8. Mi escuela está encima / lejos de la estación de tren.
9. Las gafas están detrás / encima del escritorio.
10. Tus pantuflas están debajo / lejos de la cama.
11. El perro está durmiendo encima / debajo del sofá.
12. El diccionario de español está entre / a la izquierda de los dos libros rojos.
13. El correo está a la derecha de / entre el banco.
14. Barcelona está cerca / lejos de Rusia.
15. Mi trabajo está en frente / encima de la escuela de mis niños.
16. Los zapatos están dentro / al lado del armario.

Ejercicio 8: completa oraciones utilizando expresiones de lugar

1. El Océano Pacifico está ___________________
2. Perú está ______________________________
3. Argentina está __________________________
4. El Océano Atlántico está _________________
5. Venezuela está __________________________
6. Paraguay está ___________________________
7. Ecuador está ____________________________
8. Surinam está ____________________________

Capítulo 12

Las 7 maravillas de Perú

Perú es conocido sobre todo por Machu Picchu, obra maestra de la arquitectura inca. Sin embargo, Perú ofrece otras misteriosas y asombrosas maravillas...

EL SEÑOR DE SIPÁN fue un antiguo gobernante del siglo III, cuyo dominio abarcó una zona del actual norte de Perú. Su tumba fue descubierta en 1987 por el arqueólogo peruano Walter Alva. El hallazgo de las tumbas reales del Señor de Sipán marcó un importante hito en la arqueología del continente americano porque, por primera vez, se halló intacto y sin saqueos, un entierro real de una civilización peruana anterior a los Incas. **Al lado** del señor de Sipán se hallaron enterradas a otras seis personas: tres mujeres, dos hombres y un niño. Esta tumba se encuentra **cerca de** la ciudad de Chiclayo, lugar de recientes y espectaculares descubrimientos arqueológicos.

EL RÍO AMAZONAS es un lugar ideal para los amantes del ecoturismo y para quienes desean entrar en contacto con la naturaleza virgen de la selva amazónica. A través del río se llega a albergues ubicados **dentro de** la jungla y se puede entrar en contacto con culturas aborígenes de antiguas tradiciones todavía vivas. Los más aventureros pueden llegar hasta las reservas y parques nacionales. La naturaleza del río ofrece una exuberante fauna y flora paraíso de la biodiversidad.

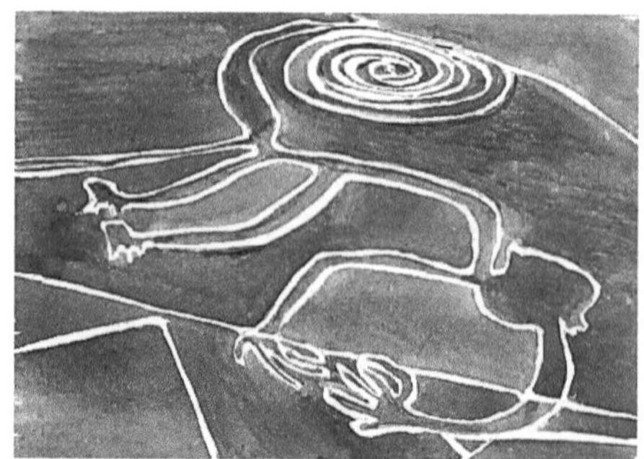

LAS LÍNEAS DE NAZCA se hallan en el desierto al sur de Perú. Estas líneas forman gigantescas figuras de animales y también figuras geométricas. La creación de estos dibujos es un misterio ya que las figuras sólo pueden verse desde muy alto, sobrevolando la zona o desde altos miradores. Algunos científicos creen que las figuras pueden tener un significado astronómico. Otros opinan que tienen un valor religioso. La UNESCO declaró las líneas de Nazca Patrimonio Mundial en 1997.

Capítulo 12

EL CAÑÓN DEL COLCA está ubicado a 150 km. al norte de Arequipa. Es el segundo cañón más profundo del mundo con 4.150 metros después del cañón de Cotahuasi (también ubicado en Perú). El Colca es dos veces más profundo que el cañón del Colorado. Es un punto de gran interés turístico por su gran profundidad, la impresionante vegetación y la majestuosidad de los cóndores que vuelan **encima** del área. Allí se encuentra el valle del Colca que tiene casi 100 km. de largo. En este valle existen 16 poblados descendientes de las etnias de los Collahuas y Cabanas, ambas culturas de raíces pre-incas, que han preservado su rica herencia cultural. Su rico folclore, sus vistosos trajes típicos y sus famosas artesanías resultan muy atractivos al visitante y lo hace uno de los destinos más impresionantes de Perú.

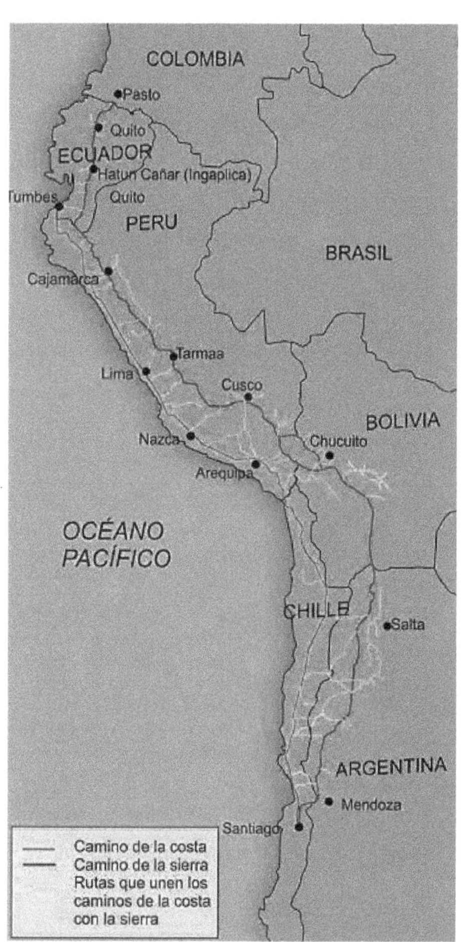

EL CAPAC ÑAN es una impresionante red de caminos construida por los incas, también conocido como el "Camino de los Incas". Este camino conectó todas las regiones del Tahuantinsuyo, 6 países de la actualidad: Perú, Bolivia, Argentina, Chile, Ecuador y Colombia.

Las rutas podían estar afirmadas o empedradas y contaron con puentes. Los caminos tenían tambos a cada 20 km. Estos eran lugares de descanso en donde los funcionarios, el ejército, o el inca y su séquito se abastecían de alimentos para continuar con sus viajes.

Este sistema permitió el dominio e integración del territorio y ayudó a los incas a administrar su imperio. Dos caminos principales corren de sur a norte y múltiples caminos secundarios cruzan de este a oeste. El camino de la costa unió los valles **cerca** del litoral; **a la derecha de** este se halla el camino de la sierra que recorrió los Andes desde Quito hasta Santiago.

Capítulo 12

LAS ISLAS FLOTANTES DE UROS es un sorprendente archipiélago de 40 islas artificiales ubicadas en el Lago Titicaca. Estas islas son únicas porque están hechas por la mano del hombre y están habitadas por unas de las culturas más antiguas del continente (más antigua que los incas), los Uros.

Esta población posee la destreza para hacer construcciones de totora, una planta que crece en el lago. La totora es un recurso indispensable para la vida de los Uros, con ella tejen sus islas, también los techos, paredes y puertas de sus viviendas. **Delante de** las islas encontramos sus balsas, confeccionadas con el mismo material. Y **detrás de** las puertas de sus casas hallamos en sus cocinas leños hechos de totora seca. Además la utilizan como alimento, ya que al quitarle la corteza queda una sustancia blanca y fibrosa que emplean como complemento a sus dietas.

La isla más grande tiene varios edificios, entre ellos una escuela, iglesia, oficina de correos y tiendas. Varios cientos de personas viven en las islas y se ganan la vida con la pesca y el turismo. El viajero puede hospedarse en las islas y participar de las actividades diarias de los isleños. Los habitantes de las islas más apartadas siguen viviendo de una manera relativamente tradicional y prefieren no ser fotografiados.

Capítulo 12

La última maravilla no es un destino, sino que se trata de la GASTRONOMÍA PERUANA. La cocina peruana tiene una larga historia y sincretismo. Originalmente, los platos peruanos resultan de la fusión de la tradición culinaria del antiguo Perú con la cocina española, pero luego se enriquecen con la influencia de los diferentes grupos étnicos que llegan a Perú como los esclavos africanos, los chinos, los japoneses y los italianos. La variedad de la comida peruana se debe a los aportes de la mezcla de culturas y también a la geografía de Perú que aporta gran diversidad de ingredientes.

En Mistura, una feria internacional gastronómica, se pueden probar platillos tradicionales y modernos, entre los que destaca la preparación de una receta pre-colombina: la pachamanca. Este es un sabroso platillo que se prepara **dentro de** un hoyo en la tierra y donde los alimentos se cocinan **encima de** piedras calientes.

Hoy la diversidad de sus productos agrícolas y la creatividad de sus cocineros están detrás de la popularidad internacional de la cocina peruana. El chef Virgilio Martínez recibió el máximo galardón culinario cuando su restaurante Lima en Londres ganó la codiciada estrella Michelin.

Ejercicio 9: completa la oración haciendo una sugerencia basada en los textos

1. Si te interesa la arqueología, ____________________
2. Si les gusta el ecoturismo, ____________________
3. Si os interesan los enigmas, ____________________
4. Si deseáis ver cóndores, ____________________
5. Si voy al Lago Titicaca, ____________________
6. Si le gusta caminar, ____________________
7. Si quieres comer rico, ____________________

Capítulo 12

Expresiones de lugar y las 7 maravillas de Perú

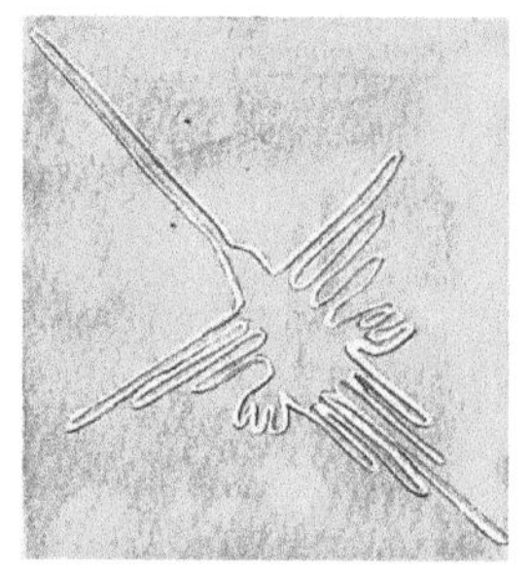

Ejercicio 10: conversa con tu compañero. Hazle preguntas sobre la información que falta en tu cuadro:

¿Qué se halla/está al lado de...?

¿Dónde se halla/está...?

ESTUDIANTE A

QUÉ/QUIÉN	ACCIÓN	LUGAR	QUÉ/QUIÉN
	se hallan	al lado de	el Señor de Sipán
La tumba de Sipán	está		Chiclayo
	se hallan	dentro de	la jungla amazónica
Los cóndores	vuelan		el valle del Colca
Las líneas de Nazca	están	lejos de	
El camino de la sierra	está		el camino de la costa
	se hallan	delante de	las islas de los Uros
Leños de totora seca	se hallan		las puertas de sus casas
La pachamanca	se prepara	dentro de	

ESTUDIANTE B

QUÉ/QUIÉN	ACCIÓN	LUGAR	QUÉ/QUIÉN
Seis personas	se hallan		el Señor de Sipán
	está	cerca de	Chiclayo
Lindos albergues	están		la jungla amazónica
Los cóndores	vuelan	encima de	
Las líneas de Nazca	están		el Norte de Perú
	está	a la derecha de	el camino de la costa
Las balsas	se hallan		las islas de los Uros
	se hallan	detrás de	las puertas de sus casas
La pachamanca	se prepara		un hoyo en la tierra

Un poco de Historia: El Imperio de los Incas

El Imperio de los Incas fue la civilización más importante del mundo pre-colombino en Suramérica. Esta civilización se desarrolló desde el siglo 13 hasta la llegada de los españoles. Su territorio se extendió desde el sur de Colombia hasta el norte de Chile y Argentina. Este gigantesco estado llevó el nombre de Tawantinsuyo, palabra quechua que significa las cuatro regiones de la tierra.

Su capital fue Cuzco, que en quechua significa ombligo, pues era el centro desde donde partían las cuatro regiones. Los incas construyeron su capital en forma de puma. Para poder mantenerse en contacto y controlar su vasto territorio los incas construyeron más de 20.000 kilómetros de caminos y puentes que unieron la capital con las diversas zonas. Los “chasquis” fueron mensajeros del imperio que llevaban órdenes del Inca y noticias a todas las regiones del Tawantinsuyo. Para ello corrían largas distancias y tenían un sistema de relevos.

Este imperio fue inmensamente rico en oro y en plata. Los incas fueron hábiles en la creación de textiles, objetos de cerámica y de metales preciosos, piezas que hoy podemos admirar en los museos de Lima y del mundo. Pero sobre todo los incas fueron grandes arquitectos. Hoy todavía podemos visitar las obras maestras que dejaron estos grandes constructores en la ciudad de Cuzco y el Valle Sagrado. La más famosa de sus edificaciones es Machu Picchu, que fue declarada Patrimonio Mundial por la UNESCO (World Heritage Site) y es una de las atracciones turísticas más visitadas del mundo.

Ejercicio 11: conversa con tu compañero. Hazle preguntas sobre el texto.

1. ____

2. ____

3. ____

4. ____

Capítulo 12

Peruanos famosos

Javier Pérez de Cuellar es un diplomático peruano que fue Secretario General de las Naciones Unidas durante 10 años, de 1982 a 1991. Es el único latinoamericano que ha presidido esta organización. Durante su período él ayudó a negociar la paz entre Argentina y el Reino Unido. Ha recibido muchos premios y condecoraciones por su labor en promover la cooperación iberoamericana y el entendimiento internacional, entre otras causas.

Mario Testino es un fotógrafo peruano, uno de los más prestigiosos y respetados fotógrafos de nuestros tiempos. Las imágenes creadas por Testino de personas famosas, estrellas de la moda, de la música y del cine son verdaderas obras de arte. Entre ellos están la princesa Diana y su hijo, el príncipe William y su esposa, Kate Middleton. Testino ha publicado libros y ha fundado un museo en su ciudad natal, Lima. Sus fotos aparecen en la revista Vogue y en las principales publicaciones de moda.

Mario Vargas Llosa es un reconocido novelista peruano ganador del Premio Nobel de Literatura en el año 2010. Su extensa obra incluye más de 20 novelas, ensayos, obras de teatro y artículos periodísticos. Vargas Llosa pertenece al grupo de escritores conocido como el *boom* latinoamericano. En los años 60 innovadores novelistas publican grandes obras maestras que se leen en todo el mundo. Además de escritor, Vargas Llosa jugó un papel importante en el campo político y tiene una columna de prensa.

Dato curioso

Sofía Mulanovich está en el "Hall of Fame" de surfistas. Ella es la primera persona suramericana en ganar el primer puesto en el World Championship Tour, convirtiéndose en la reina de la tabla.

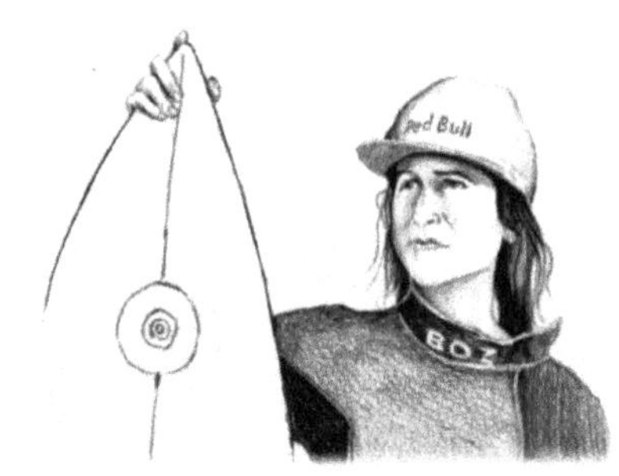

Ejercicio 12: contesta si la frase es verdadera o falsa

	V	F
1. Pérez de Cuellar fue secretario de las Naciones Unidas.	____	____
2. Pérez de Cuellar fue secretario hasta 1990.	____	____
3. Mario Testino es un famoso pintor peruano.	____	____
4. Testino ha fotografiado a príncipes y princesas.	____	____
5. Testino a fundado un museo en Londres.	____	____
6. Mario Vargas Llosa es un escritor del *boom* latinoamericano.	____	____
7. Vargas Llosa ganó el Nobel de Literatura en 2008.	____	____
8. Sofía Mulanovich es la reina de la tabla.	____	____

Música

Gian Marco es un reconocido cantante peruano que ha escrito canciones para varios artistas como Gloria Estefan, Marc Anthony, Jon Secada, Pandora y muchos más.

"Se me olvido" Gian Marco
https://youtu.be/xQNJGZuI6bE

Tu maleficio me pretende, tus ironías me hacen mal
tu pasaporte se me vence, tu cintura se escondió en el mar
me he acostumbrado a obedecerte y me prohibiste reclamar
cuidaste que no me rebele, controlaste hasta mi libertad.

Rompí mi amor sin consultarte,
levanté el ancla en altamar
me vinieron unas ganas de ignorarte,
me dio amnesia y no te quiero recordar.

Se me olvidó cuál es tu nombre y cuántas veces me adoraste
se me olvidó en un dos por tres
se me olvidó la garantía para poder reclamarte
tu boca ya se me secó,
se me olvidó la melodía que mi corazón cantaba
se me hizo agua la razón
se me olvidó sumar las veces que dejé la luz prendida
restar tu vida con la mía
se me olvidó...

La diferencia la marcaste cuando decides opinar
de qué manera es que te gusta seducirme hasta verme llorar
rompí mi amor sin consultarte
dos lágrimas se rebalsó
por el borde de tus ojos me vengaste
felizmente la verdad me conquistó

Se me olvidó cuál es tu nombre y cuántas veces me adoraste... (bis)

Se me olvidó... oh oh...

Capítulo 12

Escribe un pequeño texto utilizando el tiempo condicional: ¿Qué harías si tuvieras muchísimo dinero?

Otros enlaces:

- Perú https://youtu.be/pxKa2SWFbPo
- Machu Picchu https://youtu.be/Zk9J5xnTVMA
- Uros Floating Islands https://youtu.be/dt-6s64o_EY
- Mistura: https://www.youtube.com/watch?v=ZZj0lNzmlkE
- Virgilio Martinez: https://www.youtube.com/watch?v=v6-_-fWAWCM
- Sofia Mulanovich https://youtu.be/6-pRSFhhk_k
- Mario Testino https://www.youtube.com/watch?v=e8x6CuQA2TI

Capítulo 12

VOCABULARIO

Ejercicio 13: escribe frases con las palabras nuevas del vocabulario

1. ______________________________
2. ______________________________
3. ______________________________
4. ______________________________
5. ______________________________
6. ______________________________
7. ______________________________
8. ______________________________
9. ______________________________
10. ______________________________

Capítulo 13

Paraguay

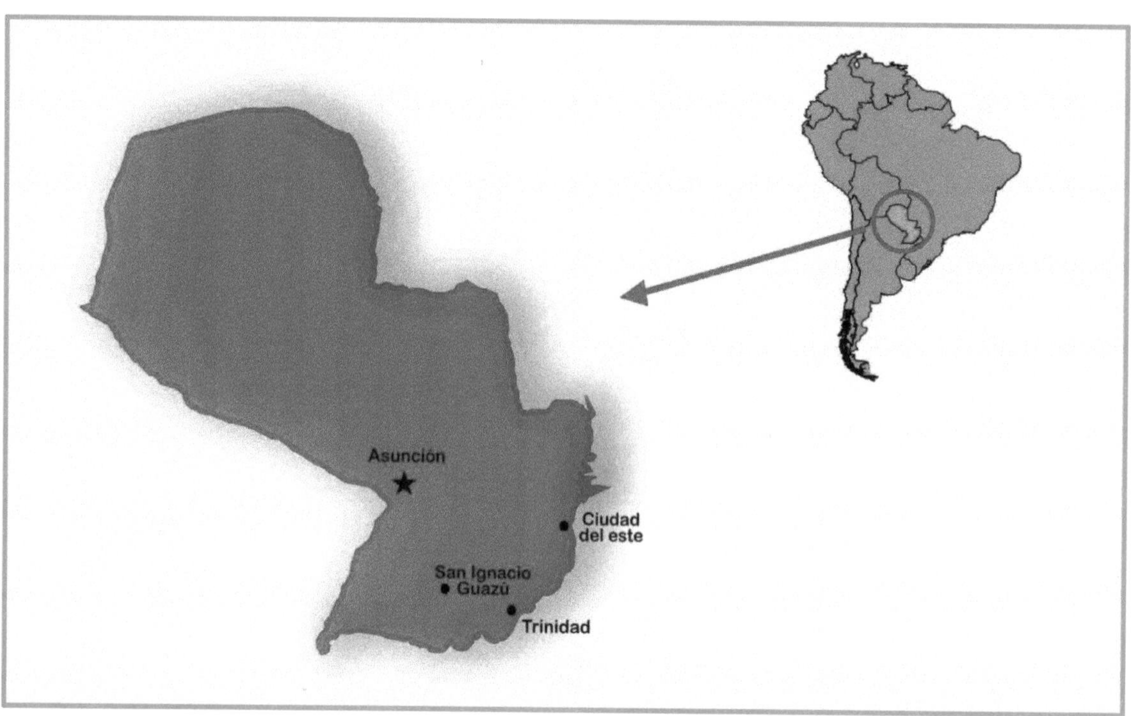

PARAGUAY

Capital:	Asunción
Idiomas oficiales:	español, guaraní
Moneda:	el guaraní
Ciudades importantes:	San Lorenzo, Luque, Ciudad del Este
Población:	6.8 millones
Clima:	subtropical
Productos importantes:	la soja, el trigo, la caña de azúcar
Plato típico:	chipa guasú
Lugares turísticos:	Salto de Monday, las misiones
Música típica:	la polca paraguaya

¿Por qué estudias español?

Capítulo 13

PORQUE / PARA / POR

➢ *Porque*, *para* and *por* are used to express cause or reason. However, each one is followed by a specific grammar structure.

PORQUE + conjugated verb

Ex. Porque es la segunda lengua más hablada en el mundo.
Porque quiero viajar a un país hispano.
Porque necesito el español para mi trabajo.

PARA + infinitive verb

Ex. Para buscar información en la internet.
Para utilizar el español en los negocios.
Para conseguir un trabajo mejor.

POR + noun

Ex. Por mi trabajo.
Por cultura general.
Por interés personal.

Ejercicio 1: completa las frases con PORQUE, POR o PARA

1. ¿Por qué no fuisteis a la fiesta?

   No fuimos ______________ el examen.

2. ¿Quieres ir al cine este sábado?

   No puedo, ______________ tenemos visita.

3. ¿Por qué haces tu tarea con lápiz?

   ______________ poder borrar la respuesta si cometo algún error.

4. ¿Por qué llegas tan tarde?

   Había mucho tráfico ______________ la lluvia.

5. ¿Por qué tienes dos trabajos?

   ______________ ahorrar dinero para mis vacaciones.

6. ¿Por qué no comes nada?

   ______________ estoy a dieta.

Capítulo 13

PARA Y POR

The prepositions *para* and *por* both translate into English as "for." In Spanish, *por* and *para* are never interchangeable and their use depends on the context.

PARA

To express destination
- **Ex.** Partimos para la escuela en un minuto.

To express purpose
- **Ex.** Este vestido es para la fiesta.

To define recipient
- **Ex.** Esta manzana es para la profesora.

To establish deadline
- **Ex.** La tarea es para mañana.

To indicate employer
- **Ex.** María trabaja para McDonalds.

To contrast from what is expected
- **Ex.** Para ser una niña, escribe muy bien.

To express personal opinion
- **Ex.** Para mi es difícil aceptar tu divorcio.

POR

To express apology or gratitude
- **Ex.** Gracias por el regalo.

To talk about exchange and sales
- **Ex.** Me pagó 20 dólares por mi bicicleta.

To express “on behalf of” or “in favor of”
- **Ex.** Envié el paquete por ti.

To give a reason for an errand
- **Ex.** Voy al supermercado por leche.

To express duration of time
- **Ex.** Voy de compras por media hora.

To indicate period of time
- **Ex.** Las clases de español son por la mañana.

To express “per”
- **Ex.** Yo enseño dos días por semana.

To indicate motion (by, through, along, around)
- **Ex.** Pedro viaja por tren.

To express “to be seen as”
- **Ex.** Lo tienen por loco.

Capítulo 13

Ejercicio 2: elige la opción correcta

1. Los regalos son *para* / *por* tu hermana.
2. Viajo *para* / *por* Chicago en dos horas.
3. Voy a pasar *para* / *por* ustedes a un cuarto para las tres.
4. Esta copa es *para* / *por* vino.
5. Tienes que estudiar mucho *para* / *por* ganar una beca.
6. Estos libros son *para* / *por* mi novio.
7. Mi madre me regaló su collar de perlas *para* / *por* mis 21 años.
8. Los deberes son *para* / *por* el viernes.
9. ¿Qué planes tienes *para* / *por* tu cumpleaños?
10. Pedro trabaja *para* / *por* su tío.
11. Estoy viendo esta película *para* / *por* tercera vez.
12. Gracias *para* / *por* venir.
13. ¿Hay un banco *para* / *por* aquí cerca?
14. Me dio 7 dólares *para* / *por* el CD.
15. Prefiero viajar *para* / *por* tren.
16. Voté *para* / *por* mi candidato.
17. Jorge está ocupado *para* / *por* el momento.
18. Voy a la tienda *para* / *por* pan.
19. Es un buen trabajo, pagan 25 dólares *para* / *por* hora.
20. Viajo a Italia *para* / *por* cuatro meses.
21. *Para* / *Por* ser jugador de baloncesto eres bastante bajo.
22. Ellos llegaron *para* / *por* la mañana.
23. Hacer ejercicio es muy bueno *para* / *por* la salud.
24. Pedro viaja *para* / *por* avión.
25. Mis padres partieron *para* / *por* Europa.
26. Yo trabajo tres días *para* / *por* semana.
27. Espero el paquete *para* / *por* el jueves.
28. Escribiré la carta *para* / *por* ti.
29. Pagué 15 dólares *para* / *por* la camisa.
30. En Pamplona los toros corren *para* / *por* las calles.

Capítulo 13

¿Qué hacían por allá?

Ejercicio 3: ¿en qué tiempo verbal están los verbos?

Capítulo 13

EL PRETÉRITO IMPERFECTO

The imperfect tense is used to:

- Refer to actions in the past that occurred repeatedly. In many cases these sentences start with expressions such as: *todos los días, los sábados, siempre, muchas veces, a menudo*.

  Ex. Yo corría todos los días en el parque.
  Durante nuestras vacaciones nos despertábamos tarde.

- Talk about past circumstances and past habits, that is, things one used to do. These sentences usually start by *cuando*.

  Ex. Cuando era pequeña iba mucho a la playa y comía mucho helado.

- Describe how people and things looked in the past.

  Ex. Irma era muy guapa, tenía el pelo largo y su casa era muy grande.
  Antes no llovía tanto.

- Tell time in the past.

  Ex. Eran las 10 cuando llegamos a la fiesta.
  Era la una en punto cuando empezó a llover.

- Tell your age in the past.

  Ex. Tenía 12 años cuando visité por primera vez Disney.

- "Set the stage" for an action in progress in the past.

  If two actions take place at the same time they usually will be connected by the conjunction *mientras*.

  Ex. Mi madre entraba a casa mientras yo hablaba por teléfono.
  Llegasteis a la fiesta mientras bailábamos salsa.

  If one action is suddenly interrupted by other, the conjunction commonly used is *cuando*.

  Ex. Entraba a casa cuando sonó el teléfono.
  Llegábamos a la fiesta cuando empezó a llover.

EL PRETÉRITO IMPERFECTO: VERBOS REGULARES

	hablar	**beber**	**vivir**
yo	habl**aba**	beb**ía**	viv**ía**
tú	habl**abas**	beb**ías**	viv**ías**
él / ella / usted	habl**aba**	beb**ía**	viv**ía**
nosotros / nosotras	habl**ábamos**	beb**íamos**	viv**íamos**
vosotros / vosotras	habl**abais**	beb**íais**	viv**íais**
ellos/ellas/ustedes	habl**aban**	beb**ían**	viv**ían**

EL PRETÉRITO IMPERFECTO: VERBOS IRREGULARES

Only three Spanish verbs are irregular in the imperfect tense

	SER	**IR**	**VER**
yo	era	iba	veía
tú	eras	ibas	veías
él / ella / usted	era	iba	veía
nosotros / nosotras	éramos	íbamos	veíamos
vosotros / vosotras	erais	ibais	veías
ellos/ellas/ustedes	eran	iban	veían

Enlace 1: https://www.youtube.com/watch?v=6pNZ-BopVhs
El pretérito imperfecto verbos –AR
Enlace 2: https://www.youtube.com/watch?v=wPRDovbiYg4
El pretérito imperfecto verbos –ER, –IR
Enlace 3: https://www.youtube.com/watch?v=grNRqeMJSGA
El pretérito imperfecto verbos irregulares

Capítulo 13

Ejercicio 4: observa la información de tu tabla, elige el verbo adecuado para completar la frase y conjúgalo en el PRETÉRITO IMPERFECTO. Sigue el ejemplo. Compara tus respuestas con las de tu compañero.

ESTUDIANTE A

Yo siempre veía	contar	televisión hasta muy tarde.
Tú no ...	ser	el pelo corto cuando estabas en la escuela.
A nosotros ...	llevar	ir a la playa cuando éramos niños.
Mi madre me ...	ir	lindos cuentos cuando era pequeña
Cuando Laura ...	gustar	niña, iba mucho al campo con sus abuelos.
Yo ...	ver	8 años cuando me regalaron esta muñeca.
---	tener	las 9 a.m. cuando llegó la profesora.
Vosotras siempre ...	ser	a todas las fiestas, pero llegabais tarde.
Ana y María ...	encantar	muchos caramelos.
A mí no ...	comer	tomar sopa cuando era niño.

ESTUDIANTE B

Yo siempre visitaba	viajar	a mis abuelos.
Tú no ...	ser	miedo a la oscuridad antes.
A nosotros ...	ser	comer chicle todo el tiempo.
Mi madre ...	tener	por Europa cuando llegó mi primo de visita.
Cuando Laura ...	llevar	niña jugaba siempre en el jardín.
Yo ...	visitar	todo en mi diario.
---	gustar	la 1 p.m. cuando llamó tu amigo.
Vosotras ...	escribir	el cabello largo y eran muy bajitas.
Ana y María ...	encantar	siempre a misa.
A mí ...	ir	pasar las vacaciones en la playa.

Capítulo 13

Las misiones jesuitas en Paraguay

Los jesuitas llegaron a Paraguay en 1586. Permanecieron en la zona por más de 150 años y establecieron reducciones desde las que ejercieron gran influencia en la colonización del país. Crearon unas treinta comunidades a las que llamaban Paracuaria, estas se hallaban en Paraguay, al sur de Brasil y al noreste de Argentina. Aunque su intención principal fue catequizar a los indígenas que vivían en esa zona, su labor no se limitó a la evangelización. Su primera labor fue darle forma escrita al idioma guaraní.

Los jesuitas crearon pueblos autosuficientes donde antes vivían comunidades nómadas o con poca estructura. Ellos establecieron un orden político y social bajo el cual la población fue protegida y prosperó económicamente. En las misiones jesuitas, los indígenas aprendían latín y música y recibían los beneficios de una educación europea. A diferencia de los otros grupos indígenas del continente, los guaraníes no fueron expuestos a los abusos de los conquistadores.

La monarquía española temió que los métodos que utilizaban los jesuitas en Paraguay causaran problemas en el resto de las colonias. Los reyes también desconfiaron de la orden jesuita porque ellos profesaban obediencia absoluta al papa. En 1767 los jesuitas fueron expulsados de los territorios españoles.

Ejercicio 5: subraya todos los verbos. ¿Cuáles están en indefinido y cuáles en imperfecto? Escribe tres oraciones que están en indefinido y tres en imperfecto

1. ____
2. ____
3. ____
4. ____
5. ____
6. ____

Capítulo 13

PRETÉRITO INDEFINIDO VERSUS IMPERFECTO

Spanish has two past tenses: the preterit and the imperfect. They have specific uses according to the meaning you want to convey.

PRETERIT

- Generally speaking, the preterit is used for actions in the past considered as completed. These past actions had a definite beginning and definite end. It is important to realize that the beginning and the end may not always be clearly stated.

  Ex. Teresa habló desde la una hasta las dos.
  Teresa habló dos horas.

- The preterit is used for actions that happened once.

  Ex. Mi abuelo murió hace dos años.
  Los jesuitas llegaron a Paraguay en 1586.

IMPERFECT

- Generally speaking, the imperfect is used for actions in the past that are not seen as completed. These past actions did not have a definite beginning or a definite end.

  Ex. Teresa hablaba en guaraní.

- The imperfect is used for repetitive actions.

  Ex. Mi abuelo siempre leía el periódico antes de desayunar.
  Los jesuitas protegían a los indígenas.

PRETERIT + IMPERFECT

- In some sentences both past tenses are used together. In these cases, the imperfect describes an action in progress and the preterit the action being interrupted.

  Ex. Yo montaba bicicleta cuando empezó a llover.

Enlace 4: https://www.youtube.com/watch?v=SooMUJrq4c8
El pretérito imperfecto versus indefinido

Capítulo 13

Ejercicio 6: elige el verbo correcto

1. Ayer nevó / nevaba todo el día.
2. Cecilia jugó / jugaba con la computadora toda la tarde.
3. Cuando viajé a la selva vi / veía muchos pájaros de colores.
4. Yo regresé / regresaba cansado cada vez que jugaba tenis con mis amigos.
5. Tú escribiste / escribías lindos cuentos cuando estábamos en el colegio.
6. Vosotras no teníais el pelo corto cuando fuisteis / ibais a la escuela primaria.
7. Me gustó / gustaba ir a la playa cuando era chico.
8. Hoy nosotros no comimos / comíamos ni almuerzo ni cena.

Ejercicio 7: ¿Imperfecto o indefinido? ¿Por qué?

1. Yo ________________ (salir) a correr todos los días.
2. Salvador Dalí ________________ (nacer) en Figueras en 1904.
3. Los apaches se ________________ (desplazar) siempre a caballo.
4. Cristóbal Colón ________________ (descubrir) América en 1492.
5. Los mayas a menudo ________________ (sacrificar) a otros humanos.
6. Antes nosotros ________________ (ir) a nadar cada semana.
7. De 1929 a 1932 Federico García Lorca ___________ (vivir) en Nueva York.
8. Yo ________________ (comprar) mi primer coche a los 18 años.
9. Mi abuelo me ________________ (regalar) 5 dólares todas las semanas.

Ejercicio 8: completa con el indefinido o el imperfecto

1. Yo (descansar) ______________ tranquilamente cuando la ventana se (abrir) ______________ de golpe.
2. Carlos (vivir) ____________ en Quito cuando (ganar) ____________ la lotería.
3. Yo (pasear) ______________ por el campo y me (torcer) ______________ el tobillo.
4. Vosotros (hacer) ____________ la tarea mientras (ver) _____________ la tele.
5. Mi familia (estar) ________________ de vacaciones cuando los ladrones (entrar) ________________ a robar en casa.

Capítulo 13

Un poco de Historia: La dictadura de Stroessner

Alfredo Stroessner fue hijo de un inmigrante alemán. Estudió en el Colegio Militar de Asunción y a los veinte años se alistó en el ejército paraguayo, donde ascendió rápidamente. Se distinguió en la guerra del Chaco que duró de 1932 a 1935. En 1951, llegó al grado de comandante en jefe de las Fuerzas Armadas.

Tres años después depuso al presidente Federico Chávez, y asumió la presidencia tras convocar unas elecciones en las que era el único candidato. Controló el país con el apoyo del Partido Colorado y del Ejército, suprimió por la fuerza a la oposición y abolió la libertad de prensa.

Durante su mandato refugió en Paraguay a antiguos miembros del Partido Nacionalista (nazi). Usó la ayuda extranjera para reducir la inflación y crear escuelas, carreteras y hospitales. Paraguay participó en la construcción de la presa de Itaipú situada en la frontera con Brasil. Logró estabilizar la moneda y moderar la inflación. Por otra parte, dedicó casi la mitad del presupuesto del país para formar un cuerpo militar, que fue indispensable para poder mantener su autoridad. Además, se calcula que cerca de 30.000 personas desaparecieron o fueron asesinadas en Paraguay durante su gobierno.

Promulgó una nueva Constitución en 1967 y la reformó en 1977 para crear leyes que permitieron prolongar su mandato. Fue presidente desde 1954 hasta 1989 cuando fue derrocado por un golpe militar. Obligado a abandonar el poder tras haber permanecido 34 años ininterrumpidamente al mando de Paraguay, se exilió en Brasil.

Ejercicio 9: conversa con tu compañero. Hazle preguntas sobre el texto.

1. ______________________________

2. ______________________________

3. ______________________________

4. ______________________________

5. ______________________________

Capítulo 13

DESDE / HASTA / DE / A

DESDE

- Marks a beginning point in time.
  Ex. Vivo en EE.UU. desde 1989.
- Marks a beginning point in space.
  Ex. Vengo a pie desde el centro.

HASTA

- Marks an end point in time.
  Ex. Viví en Noruega hasta 2013.
- Marks an end point in space.
  Ex. El agua nos llega hasta las rodillas.

DESDE… HASTA

- Defines a moment in time from two reference points.
  Ex. Viví en Noruega desde 2010 hasta 2013.
- Defines a moment in space from two reference points.
  Ex. Colón viajó desde España hasta América en 1492.

DE… A

- Defines a moment in time from two reference points.
  Ex. La clase de español es de 8:00 a 10:15.
- Defines a moment in space from two reference points.
  Ex. Yo vine de Perú a Estados Unidos en 1989.

Ejercicio 10: escribe una oración con cada forma aprendida

1. ____
2. ____
3. ____
4. ____

Capítulo 13

8 dictadores iberoamericanos

Ejercicio 11: conversa con tu compañero. Hazle preguntas sobre la información que falta en tu cuadro:

¿De qué país fue dictador...?
¿Cómo se dio fin a la dictadura de...?
¿Qué años fue dictador...?

ESTUDIANTE A

NOMBRE	PAÍS	FIN	AÑOS
Rafael Trujillo	Rep. Dominicana		1930-1961
Anastasio Somoza		fue asesinado	
Francisco Franco			1939-1975
Fidel Castro	Cuba		
Juan Velasco	Perú	fue depuesto	
Hugo Banzer		renunció	1971-1978; 1997-2001
Augusto Pinochet	Chile		
Manuel Noriega		fue detenido	1983-1989

ESTUDIANTE B

NOMBRE	PAÍS	FIN	AÑOS
Rafael Trujillo		fue asesinado	
Anastasio Somoza	Nicaragua		1937-1947; 1950-1956
Francisco Franco	España	murió	
Fidel Castro		renunció	1959-2008
Juan Velasco			1968-1975
Hugo Banzer	Bolivia		
Augusto Pinochet		por plebiscito	1973-1990
Manuel Noriega	Panamá		

¿Sabías que...?

LAS MISIONES JESUITAS conforman un conjunto arquitectónico de gran importancia histórica, cultural y artística. Estas eran más de 80, pero actualmente sólo quedan 30 entre los territorios de Argentina, Brasil y Paraguay. Estas misiones constituyen un valioso legado de la labor de evangelización de las poblaciones nativas en esos países. Dos misiones en Paraguay han sido declaradas Patrimonio Universal de la Humanidad: Jesús del Tavarangue y Trinidad del Paraná.

EL GUARANÍ es la lengua cooficial junto con el español en Paraguay. La lengua guaraní es hablada por alrededor del 90% de los paraguayos actualmente. De ellos solo un 27% son de habla guaraní exclusiva, es decir, son monolingües, no hablan español. Aproximadamente un 10% habla únicamente castellano, y la mayoría es bilingüe. Además de ser una lengua, es también el nombre del dinero paraguayo.

IGUAZÚ significa en guaraní: aguas grandes. Las cataratas de Iguazú están situadas entre Argentina, Brasil y Paraguay. Estas espectaculares cataratas están formadas por unas 270 cascadas y forman un paisaje impresionante. Las cataratas tienen una altura de aproximadamente 70 metros. La Garganta del Diablo es la más grande e impactante.

Paraguay es un PAÍS MEDITERRÁNEO, es decir un Estado sin litoral, un país rodeado de tierra que carece de salida al mar o al océano. En América solo hay dos países que no poseen costas marítimas, Paraguay y Bolivia. Su vía de acceso al mar son dos ríos importantes, el Paraguay y el Paraná que desembocan en el Río de la Plata.

Ejercicio 12: escoge uno de los cuatro temas para presentar en clase

Capítulo 13

Paraguayos famosos

Augusto Roa Bastos es el escritor paraguayo más conocido en el mundo. Nació en Asunción, pero vivió más de cuarenta años fuera de su país porque se exilió en Argentina y Francia, y solo volvió a su país cuando cayó el dictador Stroessner en 1989. Roa Bastos escribió sus mejores novelas en Buenos Aires como, por ejemplo, *Hijo de hombre* y *Yo, el Supremo*. Esta última obra, basada en la vida del dictador paraguayo Gaspar Rodríguez de Francia, le dio fama **internacional**. Roa Bastos también ha escrito letras de canciones, cuentos para niños y guiones cinematográficos. Recibió numerosos premios, entre los cuales destaca el Premio Cervantes, que obtuvo en 1989.

Luis Alberto del Paraná es el nombre artístico de Luis Osmer Mesa quien nació en Altos, Paraguay. Fue un gran cantante quien formó el conjunto musical Los Paraguayos y fue uno de los primeros hispanoamericanos de renombre en Europa. Llegó a superar las 500 canciones grabadas, además de batir récords de venta con sus discos y recibió 8 discos de oro. En 1971, recibió en Alemania el Globo de Oro por la venta de más de 30 millones de discos y 650.000 casetes. Causó sensación en el Madison Square Garden de Nueva York, el Olympia de París, el London Palladium, el Latin Quarter de Tokio y el Tchaikowsy Hall de Moscú. En 1966, Los Paraguayos actuaron en un Royal Variety en Londres donde también actuaron Los Beatles.

Dato curioso

Silvio Pettirossi fue un pionero de la aviación y un acróbata del aire por excelencia. Él se hizo famoso por una acrobacia conocida como "Looping the Loop". En 2014 se celebraron los 100 años del primer vuelo de Pettirossi. El aeropuerto de Asunción lleva su nombre en su honor.

Ejercicio 13: contesta si la frase es verdadera o falsa

	V	F
1. Augusto Roa Bastos escribe poesía.	____	____
2. Roa Bastos vivió exiliado 30 años.	____	____
3. La novela *Yo, el Supremo* está basada en un dictador.	____	____
4. Roa Bastos no ganó el Nobel de Literatura.	____	____
5. Luis Alberto del Paraná canta con el grupo Los Paraguayos.	____	____
6. Luis Alberto del Paraná no es conocido internacionalmente.	____	____
7. Silvio Pettirossi es un aviador uruguayo.	____	____
8. El aeropuerto de la capital paraguaya se llama Pettirossi.	____	____

Música

El arpa es el instrumento nacional paraguayo. Fue introducida en Paraguay por sacerdotes jesuitas. Félix Pérez Cardozo es uno de los más famosos compositores y recopiladores de música de arpa. En el video puedes apreciar el conjunto de arpas más grande del mundo interpretando una melodía representativa paraguaya: "Pájaro Campana".

Puedes guiarte por estas preguntas

1. ¿Qué cosas te gustaban?
2. ¿Qué cosas no te gustaban?
3. ¿Cómo eras físicamente?
4. ¿Cómo era tu personalidad?
5. ¿Qué cosas hacías?
6. ¿Quiénes eran tus amigos?

Escribe un pequeño texto utilizando el pretérito imperfecto:
¿Qué hacías y cómo eras cuando tenías 10 años?

___

___

___

___

___

___

___

___

___

___

Otros enlaces:

- Paraguay https://www.youtube.com/watch?v=C3Hal6Uk_oE
- Las misiones https://www.youtube.com/watch?v=QB62gU-UJ08
- Facts about the Guaraní https://www.youtube.com/watch?v=WlQikbaASEc
- Augusto Roa Bastos https://www.youtube.com/watch?v=2nU7YSfsuMg
- Alfredo Stroessner https://www.youtube.com/watch?v=uOATSizbYM8
- Los Paraguayos https://www.youtube.com/watch?v=WSmbqLosPxo
- Silvio Pettirossi https://www.youtube.com/watch?v=o8l2ufsPR3w

Capítulo 13

VOCABULARIO

Ejercicio 14: escribe frases con las palabras nuevas del vocabulario

1. ____

2. ____

3. ____

4. ____

5. ____

6. ____

7. ____

8. ____

9. ____

10. ____

Repaso capítulos 11, 12, 13

EL VERBO SENTIR(SE): completa la oración utilizando la forma correcta del verbo

1. En una película de terror yo _________________ mucho miedo.
2. En la playa mis hijos ___________________ libres.
3. Hoy Paula ___________________ mucho mejor que ayer.
4. Nosotros ___________________ muy nerviosos antes de un examen.
5. ¿(Tú) _____________________ cansancio después de una carrera?
6. ¿(Vosotras) ____________________ ilusión cuando vais de viaje?

EL VERBO DOLER: completa la oración utilizando la forma correcta del verbo

1. (Yo) _________________ la garganta por gritar tanto.
2. A los estudiantes _________________ la cabeza de tanto estudiar.
3. A Pablo ________________ los pies de tanto caminar.
4. A nosotros ________________ el estómago por comer tanto.
5. ¿A vosotros __________________ los oídos?
6. A ti _________________ los ojos por leer sin buena luz.

EL FUTURO: completa la oración utilizando el verbo en futuro

1. ¿A qué hora (nosotros) __________________ (cenar) esta noche?
2. Tu padre ________________ (salir) tarde del trabajo hoy.
3. ¿Vamos al cine o al teatro? Vosotros _________________ (decir).
4. Mi madre _________________ (mudarse) a Nueva York con mis hermanos.
5. Hoy yo _________________ (llegar) tarde a la escuela.
6. Vosotros _________________ (deber) estudiar mucho para el examen.

EL CONDICIONAL: completa la oración utilizando el verbo en condicional

1. ¿Tú _________________ (poder) llegar a las cuatro de la tarde?
2. (Yo) __________________ (gustar) un agua sin gas.
3. ¿(Vosotros) _________________ (querer) salir a cenar esta noche?
4. Nosotros __________________ (preferir) no ir al dentista.
5. Ellas __________________ (desear) comprar un vestido nuevo para la fiesta.

Repaso capítulos 11, 12, 13

EXPRESSIONES DE LUGAR: elige la expresión correcta

1. La televisión está encima / dentro de la mesa.
2. La panadería está frente a / debajo de la está escuela.
3. Las gafas están entre / dentro del cajón del escritorio.
4. Sara vive al lado / dentro del parque.
5. El estacionamiento está detrás / encima del supermercado.
6. EE.UU. está cerca / lejos de Argentina.

PRETÉRITO IMPERFECTO: conjuga el verbo

1. Nosotros ________________ al ajedrez de niños. (jugar)
2. Mi padre siempre ________________ cansado del trabajo. (regresar)
3. Tú nunca ________________ buena nota en los exámenes. (sacar)
4. Vosotros ________________ las manos frecuentemente. (lavarse)
5. (Yo) ________________ mucho las golosinas. (gustar)
6. Los niños siempre ________________ sus camas. (hacer)
7. Todas las mañanas Ana ________________ café con leche. (desayunar)
8. Todas las tardes mi madre ________________ revistas. (leer)

PRETÉRITO IMPERFECTO O INDEFINIDO: conjuga los verbos en la forma correcta

1. Esta semana tú ________________ mucha tarea. (tener)
2. En el pasado yo ________________ muy tarde a casa. (llegar)
3. Anoche ________________ toda la noche. (nevar)
4. En Caracas siempre ________________ por las tardes. (llover)
5. El semestre pasado nosotros ________________ el presente. (aprender)
6. Vosotras siempre ________________ a las 10. (cenar)
7. Ayer Sandra no ________________ la tarea. (hacer)
8. Hernán Cortés ________________ México. (conquistar)
9. Lucía ________________ una niña preciosa. (ser)

Repaso capítulos 11, 12, 13

PRETÉRITO IMPERFECTO O INDEFINIDO: conjuga los verbos en la forma correcta

1. Tú (hacer) ______________ una siesta cuando el timbre (sonar) ____________.
2. Carmen (estar) ____________ de viaje cuando su prima (casarse) ___________.
3. (Yo) (descansar) _______________ mientras tú (limpiar) _______________.
4. Vosotros (estudiar) _____________ cuando (llegar) ______________ Ramón.
5. Papá Noel (dejar) __________________ los regalos bajo el árbol y mis hermanos (dormir) _________________.
6. Nosotras (comer) __________________ únicamente ensaladas siempre que (querer) __________________ bajar de peso.
7. Mi amiga (trabajar) __________________ cuando (oír) _______________ el choque de los coches.
8. Cada vez que mis padrinos (venir) _____________ de visita me (traer) _________________ regalos.
9. Mi padre (preparar) ________________ la ensalada mientras mi madre (cocinar) ________________ el pavo.
10. Vosotros (salir) _________________ temprano de la escuela mientras nosotros (quedarse) _________________ castigados.
11. Yo (ver) __________________ la tele los miércoles en la noche porque (gustar) __________________ ese actor.
12. Ustedes nunca (ir) __________________ a misa los domingos porque (preferir) _______________ ir los sábados.

POR o PARA: elige la opción correcta

1. Este bolso es para / por Silvia.
2. Muchas gracias para / por venir a visitarnos.
3. Me disculpé para / por ti.
4. Esta torta es para / por la fiesta.
5. Para / por mi es fácil aprender nuevos idiomas.
6. Vamos a estudiar para / por un par de horas.

Repaso capítulos 11, 12, 13

CULTURA: completa el crucigrama

1	1			2		3	■	2/4						5					6
■		■	■		■		■		■	■	■	■	■		■	■	■	■	
3					■		■		■	7	■	4				8			
■		■	■		■		■		■		■	■	■		■		■	■	
■		■	■		■		■		■	5					■		■	■	
■		■	■		■		■		■		■	■	■		■		■	■	
6		9			■		10	■	7	11		12			13		■	■	
■			■	■	8						■		■	■		■	14	■	15
■	■		■	■	■	■		■	■		■	9							
■	10					■	11						■	■		■		■	
■	■		■	■	■	■		■	■		■		■	12				■	
13								■	14					■	■	■	■	■	

Horizontal:

1. Capital de Venezuela
2. Carnaval en Colombia
3. Moneda de España
4. Famoso escritor mexicano
5. Famoso beisbolista dominicano
6. Producto importante de Chile
7. Producto importante de Venezuela
8. Famoso escritor argentino
9. Nombre de García Lorca
10. Descubrió América
11. Canal entre el Atlántico y Pacífico
12. Producto importante de Paraguay
13. Baile del sur de España
14. Famosa pintora mexicana

Vertical:

1. Capital de Paraguay
2. Lugar turístico en México
3. Capital de Chile
4. Famoso pintor colombiano
5. Moneda de Guatemala
6. Presidente chileno 1970-1973
7. Islas flotantes en el lago Titicaca
8. Baile argentino
9. Capital de Colombia
10. Plato típico venezolano
11. País de habla hispana en Europa
12. Nombre del dictador Trujillo
13. Primer mes del año
14. Capital del Perú
15. Biblia maya: el _____ vuh

Capítulo 14

Puerto Rico

PUERTO RICO

Capital:	San Juan
Idiomas oficiales:	español, inglés
Moneda:	el dólar estadounidense
Ciudades importantes:	Bayamón, Carolina, Ponce
Población:	3.7 millones
Clima:	tropical
Productos importantes:	productos farmacéuticos
Plato típico:	mofongo
Lugares turísticos:	Viejo San Juan, El Yunque
Música típica:	la bomba

Capítulo 14

La presencia hispana en Estados Unidos

En EE.UU. reside la mayor comunidad de hispanohablantes inmigrantes. La población hispana es diversa y está formada por diferentes nacionalidades entre las que predominan los hispanos de origen mexicano, puertorriqueño y cubano. Estos grupos se han establecido en diferentes ciudades: los mexicanos en las ciudades del suroeste, en la costa oeste y en Chicago, los puertorriqueños en Nueva York y Chicago y los cubanos en Miami, principalmente. Los dominicanos son el segundo grupo hispano en Nueva York. La mayor parte ha llegado a EE.UU. buscando mejores condiciones de vida aunque ha tenido que enfrentar problemas no solo de adaptación sino también de discriminación. Los hispanos componen una población muy joven y los expertos afirman que ejercerán una gran influencia en EE.UU.

LA COMUNIDAD MEXICANA es la más numerosa y vive en California, Texas, Nuevo México, Arizona, Nevada y Colorado. Estos estados fueron parte del territorio mexicano hace muchos años, aunque también se encuentran importantes comunidades mexicanas en otros estados. El término "chicano" se usa para referirse a las personas nacidas en EE.UU. de origen mexicano. Los mexicanos han aportado a Estados Unidos muchas de sus tradiciones, como la música, el arte, la comida, e inclusive la religión católica que entró a este país antes que la protestante. ¿Sabías que en EE.UU. se consume más salsa mexicana que kétchup, y que cada vez más jóvenes prefieren comer en *Chipotle Mexican Grill* que en *McDonalds*?

LA COMUNIDAD PUERTORRIQUEÑA es la segunda comunidad hispana de mayor presencia en EE.UU. Puerto Rico es un territorio no incorporado de EE.UU. que tiene su propio autogobierno. Esta isla es un crisol cultural porque es el resultado de la mezcla de grupos indígenas (taínos), españoles y africanos. Esta diversidad ha producido una cultura única que se manifiesta a través de su música, gastronomía, costumbres y tradiciones. Esta comunidad conserva y transmite su rico legado cultural dentro de la sociedad estadounidense. Las ciudades preferidas por los puertorriqueños o "boricuas" son Nueva York, en primer lugar, seguida de Chicago. ¿Sabías que uno de los desfiles más grandes de Nueva York es el Desfile Puertorriqueño? Este famoso desfile comenzó en East Harlem, más conocido como *Spanish Harlem* o El Barrio. En 1958 se trasladó a la Quinta Avenida, donde se ha llevado a cabo desde entonces, y se realiza el segundo domingo de junio de cada año. En este desfile participan importantes figuras de origen puertorriqueño como Jennifer López, Marc Anthony y Ricky Martin.

LA COMUNIDAD CUBANA forma el tercer grupo hispano en los EE.UU. Su contribución en el mundo de las artes y de la política es importante. La mayor concentración de la población cubana reside en Florida, Nueva York y Nueva Jersey. ¿Sabías que en Miami hay un barrio muy pintoresco llamado "La pequeña Habana" en el que residen muchísimos cubanos? La vida en este barrio gira alrededor de la Calle Ocho en la que podemos encontrar artesanos que fabrican cigarros puros cubanos, restaurantes, música y cafés. No puedes irte de "La pequeña Habana" sin probar un auténtico café cubano, un café expreso muy fuerte y muy dulce o un "guarapo" que es un zumo de caña de azúcar.

LA COMUNIDAD DOMINICANA en la ciudad de Nueva York está compuesta por más de 700.000 dominicanos, que han logrado un gran desarrollo económico y político. En Nueva York existe un barrio que te trasporta a República Dominicana llamado *Washington Heights*. Este barrio está al norte de Manhattan y se extiende desde la calle 145 hasta la 200. Los dominicanos fueron los primeros en establecer las bodegas, negocios que se expandieron rápidamente y algunas incluso se convirtieron en cadenas y supermercados. Actualmente podemos pasear por *Washington Heights* sin oír una sola palabra en inglés y muchas tiendas tienen letreros en español y en spanglish como por ejemplo las que "Se deliveran groserías" ("We deliver groceries", es decir, que llevan a casa los comestibles).

Capítulo 14

EL SPANGLISH es un idioma híbrido en el que los hispanos que viven en EE.UU. han introducido palabras anglosajonas sin traducir o traducidas incorrectamente. En el spanglish se utiliza tanto el español como el inglés con pocas reglas y muchas variaciones de tipo léxico y morfológico. Se emplea en la radio, en la televisión, en las revistas y periódicos; también en muchas películas y en la música. Son numerosas las polémicas sobre si el español o el inglés pueden perder así su pureza y sobre todo si el spanglish es un idioma legítimo. En un coloquio celebrado en 2001 en el Instituto Cervantes de Nueva York, Odón Betanzos, entonces presidente de la Academia Norteamericana de la Lengua Española (ANLE), afirmó que el spanglish era una "mezcla deforme y alterada", mientras que Ilán Stavans, de Amherst College, lo consideró como un "nuevo idioma".

Ejercicio 1: contesta si la frase es verdadera o falsa V F

1. Los problemas enfrentados por los hispanos en EE.UU. son de adaptación. ____ ____
2. La comunidad hispana más grande en Estados Unidos es la dominicana. ____ ____
3. Los chicanos son los nacidos en México que viven en EE.UU. ____ ____
4. Nueva York es la ciudad preferida por los "boricuas" para vivir. ____ ____
5. Los cubanos contribuyen poco en la política estadounidense. ____ ____
6. El auténtico café cubano es muy fuerte y muy dulce. ____ ____
7. Las primeras bodegas en Nueva York son de origen dominicano. ____ ____
8. *Washington Heights* es el nombre de un barrio de Miami. ____ ____
9. El "spanglish" tiene muchas reglas gramaticales. ____ ____
10. Hay opiniones diferentes sobre el uso del "spanglish". ____ ____
11. La palabra "mopear" pertenece al "spanglish". ____ ____

Capítulo 14

Escritores latinos en Estados Unidos

ESMERALDA SANTIAGO nació en Puerto Rico donde vivió hasta los trece años. Ella y su familia inmigraron a Nueva York en 1961. La joven estudió drama en la *Escuela de Performing Arts de Nueva York* y pasó ocho años estudiando en *community colleges*.

Finalmente Esmeralda Santiago fue aceptada en la Universidad de Harvard de donde se graduó con altos honores. Hoy Santiago es una famosa novelista con una larga y prestigiosa lista de publicaciones.

Sus primeros años en Estados Unidos fueron difíciles ya que sufrió discriminación e instabilidad económica. En libros como *When I Was Puerto Rican, America's Dream y Almost a Woman,* Santiago explora temas importantes para los jóvenes inmigrantes como la búsqueda de identidad y el camino a la reconciliación y aceptación de pertenecer a dos culturas.

Composición escrita: ¿Qué demuestra que Esmeralda Santiago llegó a estudiar en la Universidad de Harvard? Escribe una composición de aproximadamente 50 palabras.

____

____

____

____

____

____

____

____

DANIEL ALARCÓN es un escritor, periodista y profesor en la Universidad de Columbia en Nueva York. Su vida refleja la realidad y la fluidez de los latinos en Estados Unidos.

Los padres de Alarcón vivieron en Baltimore mientras el padre estudiaba en la Universidad de John Hopkins. Daniel nació en Perú, pero su familia se trasladó a Alabama cuando él era muy pequeño.

Daniel Alarcón y su familia viven en Estados Unidos pero mantienen estrechos lazos con Perú. Alarcón, como muchos latinos en Estados Unidos, pertenece a ambas culturas. Él visita Perú frecuentemente donde fundó la importante revista *Etiqueta Negra* y lanza el *podcast* en español *Radio Ambulante*, pero vive, estudia y trabaja en Estados Unidos.

Alarcón empieza su carrera como escritor en 2003 y su éxito es inmediato. Su colección de cuentos *War by Candlelight* y su novela *Lost City Radio*, ambas escritas en inglés, recibieron prestigiosos premios literarios y han sido traducidas a muchos idiomas. Los temas, los personajes y las situaciones en sus trabajos de ficción se centran en el mundo hispano dentro y fuera de Estados Unidos. El mundo del que escribe es hispano, pero el idioma que usa para describirlo es el inglés. Alarcón considera el inglés su primer idioma y en su obra vemos una fusión total de las dos culturas. Daniel Alarcón dice: "Soy 100% peruano y 100% gringo."

Ejercicio 2: contesta si la frase es verdadera o falsa	V	F
1. Daniel Alarcón nació en Baltimore.	___	___
2. Alarcón solo escribe novelas.	___	___
3. Su *podcast* en Perú se llama *Etiqueta Negra.*	___	___
4. Alarcón es profesor de la Universidad de Columbia.	___	___
5. El mundo hispano en EE.UU. no está presente en sus novelas.	___	___
6. Él se siente tan peruano como estadounidense.	___	___

Sandra Cisneros nació en Chicago en 1954. Su padre es mexicano y su madre es chicana. Cuando Sandra era una niña, su familia viajaba constantemente entre Estados Unidos y México. La falta de estabilidad causada por el constante ir y venir afectarán a la joven Sandra quien crecerá sintiendo que no pertenece totalmente a ninguno de los dos países.

A través de su obra, Sandra Cisneros logra, no solo descubrir y forjar su identidad chicana, sino también dar voz a los latinos que viven, como ella, esta ambigua experiencia de pertenecer a dos culturas.

Sandra Cisneros publicó *The House on Mango Street* en 1985. Este libro, que ahora forma parte del currículo en las escuelas de Estados Unidos, les abrió un espacio literario a los hispanos que ahora pueden reconocerse en su obra. Sus libros de cuentos y de poesía han recibido una gran acogida y han sido traducidos a muchos idiomas. Algunos de los títulos de sus obras más conocidas son: *Loose Woman, Woman Hollering Creek and Other Stories, My Wicked, Wicked Ways* y *Carmelo*.

Sandra Cisneros nos dice: "I feel as much Mexican as American. I think of it this way: we're all products of a mother and father, and loving one does not negate our love for the other."

Capítulo 14

Comprensión auditiva: Escucha con atención el video SANDRA CISNEROS, AUTORA GALARDONADA y contesta las siguientes preguntas utilizando frases completas.

Enlace: https://www.youtube.com/watch?v=bFxN97hQpoE

1. ¿Qué libro de Cisneros menciona la presentadora en su introducción?

____

____

2. ¿En qué ciudad vivió Sandra Cisneros de niña con sus padres?

____

____

3. ¿Cómo le fomentó su madre el amor a la lectura a Sandra Cisneros?

____

____

4. ¿Cuáles son los valores que Cisneros reconoce en su madre?

____

____

5. ¿Qué actividades recuerda Cisneros haber compartido con su madre?

____

____

Capítulo 14

JUNOT DÍAZ nació en Santo Domingo, República Dominicana en 1968. A los seis años de edad, él y su familia se mudaron a Nueva Jersey. Junot estudió en la Universidad de Rutgers y luego en Cornell University. Hoy Díaz es profesor en la Universidad de MIT.

En 2007 Díaz publicó su primera novela: *The Brief Wondrous Life of Oscar Wao.* Al año siguiente, esta novela recibió el prestigioso Premio *Pulitzer* para ficción. El personaje principal en la novela es un joven que, según Díaz, pudo haber sido él mismo. Este autor ha dicho en múltiples entrevistas que Oscar Wao es una compilación de todos los "nerds" que ha conocido en su vida. Lo novedoso de la novela se encuentra tanto en el lenguaje callejero *Spanglish* de los personajes como en su habilidad de habitar los dos mundos con aparente facilidad: el dominicano y el americano de Nueva Jersey. Su segundo libro, una colección de cuentos titulada *This is How You Loose Her,* fue publicado en 2012.

Junot Díaz nombra a Sandra Cisneros como una de las grandes influencias y motivaciones en su carrera literaria. Como ella, Díaz siente un fuerte compromiso con la comunidad latina y con el mundo literario. Junot es uno de los fundadores de *Voices of Our Nations Arts Writing Workshop,* organización que apoya a escritores de color y es voluntario en la *Freedom University*, universidad que proporciona estudios a jóvenes inmigrantes indocumentados.

Capítulo 14

Ejercicio 3: contesta las siguientes preguntas sobre el texto leído

1. ¿Dónde nació y estudió Junot Díaz?

____

____

2. ¿Qué obra de Díaz recibe el Premio Pulitzer?

____

____

3. ¿Qué sabes de esta novela y de su personaje principal?

____

____

4. ¿Por qué es novedosa la novela sobre Oscar Wao?

____

____

5. ¿Qué es el *Spanglish*?

____

____

6. ¿Quién ha influido en la obra de Junot Díaz? ¿Y cómo?

____

____

7. ¿Qué es Freedom University?

____

____